生活リズム
向上
大作戦

早稲田大学 教授／医学博士 **前橋 明**

大学教育出版

まえがき

　わが国では、子どもたちの学力低下や体力低下、心の問題の顕在化が顕著となり、各方面でその対策が論じられ、保育・教育現場では悪戦苦闘しています。子どもたちの脳・自律神経の機能低下、不登校や引きこもりに加えて、非行・少年犯罪などの問題も顕在化しており、それらの問題の背景には、幼少児期からの「生活リズムの乱れ」や「親子のきずなの乏しさ」が見受けられ、心配しています。

　子どもたちが抱えるさまざまな問題も、その生活実態を分析すると、幼少児期からの「生活習慣の悪さとそのリズムの乱れ」や「家族のコミュニケーションの弱さ」が原因となっていることに気づきます。

　結局、子どもたちの睡眠リズムが乱れると、摂食のリズムが崩れて朝食の欠食・排便のなさへとつながっていきます。その結果、朝からねむけやだるさを訴えて午前中の活動力が低下し、昼夜の体温リズムが乱れてきます。そして、ホルモンリズムが乱れて体調不良になり、さらに、精神不安定に陥りやすくなって、行き着くところ、学力低下、体力低下、心の問題を抱える子どもたちが増えてきたというわけです。

　それらの問題の改善には、ズバリ言って、大人たちが

もっと真剣に「乳幼児期からの子ども本来の生活」を大切にしていくことが重要です。

① 夜型の生活を送らせていては、子どもたちが朝から眠気やだるさを訴えるのは当然です。

② 睡眠不足だと、注意集中ができず、また、朝食を欠食させているとイライラ感が高まるのは当たり前です。授業中にじっとしていられず、歩き回っても仕方がありません。

③ 幼いときから、保護者から離れての生活が多いと、愛情に飢えるのもわかります。親の方も、子どもから離れすぎると、愛情が維持できなくなり、子を愛おしく思えなくなっていきます。

④ 便利さや時間の効率性を重視するあまり、徒歩通園から車通園に変え、親子のふれあいや歩くという運動量確保の時間が減っていき、コミュニケーションが少なくなり、体力低下や外界環境に対する適応力が低下していきます。

⑤ テレビやビデオの使いすぎも、対人関係能力や言葉の発達を遅らせ、コミュニケーションのとれない子どもにしていきます。とくに、午後の運動あそびの減少、ゲームの実施やテレビ視聴の激増が生活リズムの調整をできなくしています。

それらの点を改善していかないと、わが国の子どもたちの学力向上や体力強化は、決して図れないでしょう。キレ

る子どもや問題行動をとる子どもが現れても不思議ではありません。ここは、腰を据えて、乳幼児期からの生活リズムの確立と、親と子のふれあいがしっかりもてて、かつ、身体的にも、知的面にも良いことを努めて実践していかねばならないでしょう。

　なお、本書の編集にあたり、多大なるご協力をいただきました、大学教育出版の佐藤　守氏ならびに安田　愛様に心より御礼を申し上げます。

2006年5月

早稲田大学　人間科学学術院
教授／医学博士　前橋　明

生活リズム向上大作戦

目　次

まえがき……………………………………………… i

第 1 章　休養について ……………………………… 1
　1. 遅い就寝　2
　2. 生活リズムに乱れ　4
　3. 増える体温異常　7
　4. 乳児期からの脳機能のかく乱　11
　5. 都市の子も山間の子も、ともに生活状況が夜型化！
　　では、離島の子は？　13
　6. 健康・長寿の県「沖縄県」の子どもが危ない　14

第 2 章　栄養について ……………………………… 21
　1. 食事の大切さ　22
　2. 心の居場所づくりを大切に—心のこもった料理で、
　　家族のきずなを深めよう—　24
　3. 快便のススメ　26
　4. 肥満　29
　5. おやつと夜食　31
　6. 夜食を食べないための工夫　34
　7. 幼児の食行動と食事のチェック—食事のチェックで、
　　あたたかい親子・家族のきずなを深めよう—　36
　　(1) 子どもの食べ方チェック　36
　　(2) 食欲や健康づくりにつながる子どもの生活
　　チェック　37

（3）保護者の自己点検　37

第3章　運動について……………………………………39
　1．心地よい空間　40
　2．子どもにとっての安全なあそび場　42
　　（1）園庭や公園の広場　43
　　（2）砂場　43
　　（3）すべり台　43
　　（4）ぶらんこ　44
　　（5）のぼり棒・雲梯・ジャングルジム　44
　　（6）鉄棒　44
　3．ガキ大将の役割　45
　4．紫外線と戸外あそび　47
　5．正しい姿勢　49
　6．戸外で汗の流せる「ワクワクあそび」のススメ　53
　7．運動量の確保　57
　8．徒歩通園　61
　9．子どもの「運動やあそび」の重要性に、お父さんやお母さん、社会の皆さんの理解がほしい　63
　　（1）園や学校での様子をみて　64
　　（2）地域での様子をみて　64
　10．親子ふれあい体操と親子クッキングのススメ　65

第4章　生活リズム向上への提案………………………… 69
　1．早寝・早起きの知恵　70
　　(1) 早寝　70
　　(2) 早起き　71
　2．夜、寝つきのよい子は、よく育つ―寝つきをよくするためには―　72
　3．夜型（遅寝遅起き）の子どものリズムは、外あそびで治る　75
　4．生活リズム改善へ向けての日中のあそびや運動に集中する知恵　77

第5章　生活リズム向上戦略………………………… 81
　1．生命力の低下　82
　2．旬の食べ物・四季のあそびを大切に　84
　3．子どもの生活と疲労症状―研究知見の紹介―　85
　4．一点突破・全面改善のための知恵　88

文献………………………………………………… 90
あとがき…………………………………………… 91

第1章 休養について

1. 遅い就寝

　春の5歳児577人の生活実態調査[1]では、保育園児の就寝時刻が平均して午後9時44分なのに対し、幼稚園児は午後9時15分。保育園児は、幼稚園児よりも約30分、寝るのが遅く、また、午後10時以降に就寝する園児も38％を占めました。育児の基本である「早寝」が大変困難になってきています。なぜ、子どもたちはそんなに遅くまで起きているのでしょうか。

　午後10時以降の活動で最も多いのは、やはり「テレビ、ビデオ視聴」でした。テレビを正しく見ることについて、保護者の意識を高めると同時に、子どもをなるべく早くテレビから離すべきでしょう。同時に、外食や親の交際のために、子どもたちを夜間に連れだすのも控えてもらいたいものです。

　保育園児の睡眠時間は9時間19分と短かったのですが、9時間程度しか眠らない幼児は、翌日に精神的な疲労症状を訴えること[2]や力が十分に発揮されないことが明らかにされています（図1-1）。やはり、夜には、10時間以上の睡眠時間を確保することが、翌日の元気さ発揮のためには、欠かせません。最もよいのは、午後9時より前に寝て、午前7時より前に起床する「早寝・早起きで10時間以上の睡眠をとった子どもたち」です。朝食をきっちりとらない子

どもも心配です。調査では、幼稚園児で5.4%、保育園児で13.4%の幼児が、毎朝、欠食していました。朝食の開始時刻が遅く、食事量が少ないため、排便をすませて登園する子どもが幼稚園児で23.3%、保育園児で15.0%と、3割にも満たない状況になっています。朝食を食べていても、テレビを見ながらであったり、1人での食事になっていたりします。この習慣は、マナーの悪さや集中力のなさ、そしゃく回数の減少のみならず、家族とのふれあいの減少にまでつながります。せめてテレビを消して食事をする努力が必要でしょう。

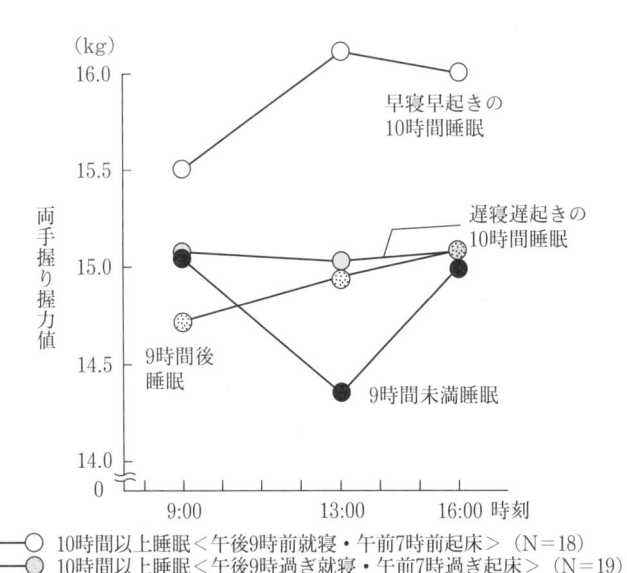

図1-1　睡眠時間別にみた5歳児の両手握力値

保護者の悩みとして、睡眠不足のほかに、肥満や偏食、疲労、運動不足も多く挙げられていましたが、こうした悩みは、生活の中に運動あそびを積極的に取り入れることで、解決できそうです。運動量が増せば、心地よい疲れをもたらして睡眠のリズムが整い、食欲は旺盛になります。これらの習慣化によって、登園してからの子どもの心身のコンディションも良好に維持されます。

　何よりも、起床時刻や朝食開始時刻の遅れを防ぐには、就寝時刻を少しずつ早めるべきです。これによって、朝の排便が可能となります。そして、子どもたちが落ちついて園生活を送ると同時に、豊かな対人関係を築くことができるようになるのでしょう。

2. 生活リズムに乱れ

　起床、食事に始まり、活動（あそび・勉強など）、休憩、就床に至る生活行動を、私たちは毎日、周期的に行っており、そのリズムを生活リズムと呼んでいます。私たちのまわりには、いろいろなリズムが存在します。例えば、朝、目覚めて夜眠くなるという生体のリズム、郵便局の多くが午前9時に営業を始めて午後5時に終えるという社会のリズム、日の出と日の入という地球のリズム等があり、私たちは、それらのリズムとともに生きています。

原始の時代においては、地球のリズムが即、社会のリズムでした。その後、文明の発達に伴い、人類の活動時間が延びると、社会のリズムが地球のリズムと合わない部分が増えてきました。現代では、24時間の勤務体制の仕事が増え、私たちの生活のリズムも、社会のリズムの変化に応じ、さらに変わってきました。

　夜間、テレビやビデオに見入ったり、保護者の乱れた生活の影響を受けたりした子どもたちは、睡眠のリズムが遅くずれています。原始の時代から地球のリズムとともに培われてきた「生体のリズム」と彼らの生活リズムは合わなくなり、心身の健康を損なう原因となっています。深夜に、レストランや居酒屋などで幼児を見かけるたびに、「午後8時以降は、おやすみの時間」と訴えたくなります。

　子どもは、夜眠っている間に、脳内の温度を下げて身体を休めるホルモン「メラトニン」や、成長や細胞の新生を助ける成長ホルモンが分泌されるのですが、今日では、夜型化した大人社会の影響を受け、子どもの生体リズムは狂いを生じています。その結果、ホルモンの分泌状態が悪くなり、様々な生活上の問題が現れています。

　例えば、「日中の活動時に元気がない」「昼寝のときに眠れない」「みんなが起きるころに寝始める」「夜は眠れず、元気である」といった現象です。これは、生活が遅寝遅起きで、夜型化しており、体温のリズムが普通のリズムより3～4時間後ろへずれ込んだリズムとなっているというこ

とです。そのため、朝は、眠っているときの低い体温で起こされて活動を開始しなければならないため、ウォーミングアップのできていない状態で体が目覚めず、動きは鈍いのです（図1-2）。逆に、夜になっても体温が高いため、なかなか寝つけず、元気であるという悪循環を生じてきます。さらに、低体温や高体温という体温異常の問題[3]も現れてきています。これは、自律神経の調節が適切に行われていないことを物語っており、もはや「国家的な危機」といえます。

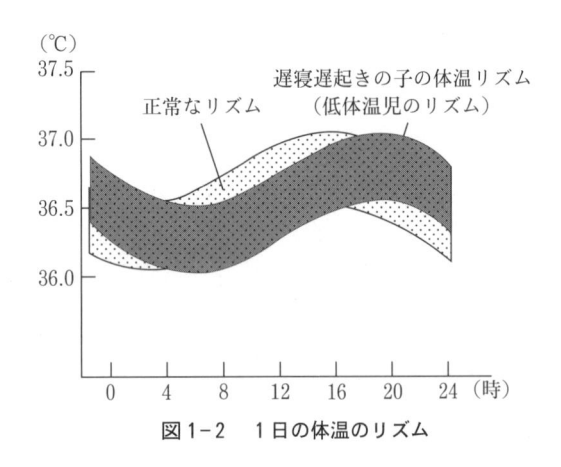

図1-2　1日の体温のリズム

　幼児の生活リズムの基本ですが、就寝は遅くとも午後9時頃（できれば、午後8時）までに、朝は午前7時頃までには自然に目覚めてもらいたいものです。午後9時に眠るためには、夕食は遅くとも午後7時頃にとる必要がありま

す。時には夜遅く眠ることもあるでしょうが、朝は常に一定の時刻に起きることが大切です。朝の規則正しいスタートづくりが、何より肝腎なのです。

みんなで、将来の日本を担っていく子どもたちの健康を真剣に考えていかねばなりません。今こそ、子どもたちの生活リズムの悪化に歯止めをかけるときです。

3. 増える体温異常

近頃、保育園や幼稚園への登園後、遊ばずにじっとしている子や、集中力や落ち着きがなく、すぐにカッとなる子が目につくようになりました。おかしいと思い、保育園に登園してきた5歳児の体温を計ってみますと、36℃未満の低体温の子どもだけでなく、37.0℃を越え37.5℃近い高体温の子どもが増えていたのです。調査では、約3割の子どもが、低体温、高体温である[3]ことがわかりました。朝の2時間で体温変動が1℃以上変動する子どもの出現率も増えてきました。体温は3歳頃から日内リズムがつくられますが、変動のない子どもも7.2％いました（表1-1）。

そこで、体温調節がうまくできないのは自律神経の働きがうまく機能していないからと考え、子どもたちの生活実態を調べてみました。すると、「運動・睡眠不足、朝食を十分にとっていない、温度調節された室内でのテレビ・ビデ

表1-1 朝の2時間における幼児の体温の変動幅とその人数割合

年	1℃以上低下	1℃以内	1℃以上上昇	変動幅1℃以上
平成8	0	97.3%	2.7%	2.7%
平成9	2.5%	88.5%	9.0%	11.5%
平成10	3.1%	85.0%*	11.9%	15.0%

＊変動のない子どもが7.2%出現

オ視聴やゲームあそびが多い」という、生活習慣の乱れと睡眠リズムのずれが主な共通点としてみられました。

　保護者の方からは、不規則な生活になると、「ちょっとできなかったりしただけで、子どもがカーッとなったり、物を投げるようになった」と教えていただきました。先生方からは、「イライラ、集中力の欠如で、対人関係に問題を生じたり、気力が感じられなくなったりしている」とのことでした。生活リズムの崩れは、子どもたちの体を壊し、それが心の問題にまで影響してきているのでしょう。生活のリズムが悪いと、それまで反射的に行われていた体温調節ができにくくなります。

　そこで、私は「問題解決のカギは運動量にある」と考え、子どもたちを戸外で思いきり遊ばせてみました。その結果、登園時の体温が36℃台と36℃未満の低体温の子どもたちは、午前中の運動あそびによる筋肉の活動で熱を産み、体温が上がりました（図1-3）。一方、登園時の体温が37℃以上であった幼児の体温は下がりました。低体温の子も高体温の子も、その体温は、ともに36℃から37℃の間に収

まっていったのです。からだを動かして遊ぶことで、幼児の「産熱」と「放熱」機能が活性化され、体温調節能力が目を覚ましたのでしょう。

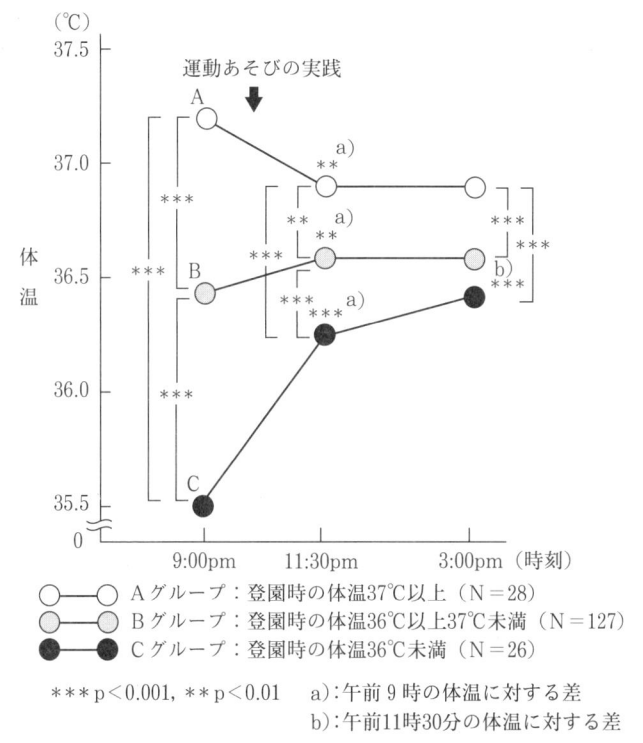

○──○ Aグループ：登園時の体温37℃以上（N＝28）
○──○ Bグループ：登園時の体温36℃以上37℃未満（N＝127）
●──● Cグループ：登園時の体温36℃未満（N＝26）

＊＊＊p＜0.001, ＊＊p＜0.01　　a）：午前9時の体温に対する差
　　　　　　　　　　　　　　　　b）：午前11時30分の体温に対する差

　登園時の体温が37℃より低いBとCグループの幼児は、午前中の運動的なあそびの後に、いわゆる筋肉活動を通して産熱し、体温は上昇した。
　それに対し、登園時に37℃以上のAグループでは、午前中に3,209歩の歩数を確保し、B・Cの幼児よりも歩数が200～400歩程度多いにもかかわらず、その体温は低下した。
　このことにより、登園時の体温が37℃以上であった幼児の放熱機能は、登園後の身体活動により活性化され、体熱放散への対応が速く、体温の低下を導いたものと推測された。

図1-3　登園時（午前9時）の体温別にみた5歳児の体温の園内生活時変動

さらに、体温異常の子どもを含む181人に、毎日2時間の運動を継続的に18日間行いました。これによって、体温調節のうまくできない子どもが半減したのです（図1-4）。その際に取り組んだ運動のプログラムを、表1-2に示しておきます。

飛んだり、跳ねたりすることで、筋肉は無意識のうちに鍛えられ、体温も上がります。その結果、ホルモンの分泌がよくなり、自然に活動型の正常なからだのリズムにもどるのです。今の幼児には、運動が絶対に必要です。そのためには、大人が意識して、運動の機会を努めて設けていくことが欠かせません。

表1-2 保育園における運動プログラム

運動プログラムの条件設定
① 朝、8時50分になったら、外に出る。
② 保育者も、子どもといっしょに遊ぶ。
③ 各自の目標をもたせ、それに取り組む姿を認めたり、みんなの前で紹介したり、ほめる。
④ 子どもたちの意見を聞きながら、みんなであそびのルールを作ったり、あそびの場を設営したりする。
⑤ 子どもたちが自発的にあそびを展開するきっかけをつかんだら、保育者はできるだけ早い時期に、主導権を子ども側に移行していく。
⑥ 異年齢で活動する機会を多く与える。
⑦ 手づくり遊具を作って、子どもたちが活動的に遊ぶことができるよう工夫する。
⑧ 保育室にもどる前には、みんなで片づけをする。
⑨ 毎日、正しい生活リズムで過ごすように、子どもと確認し合う。

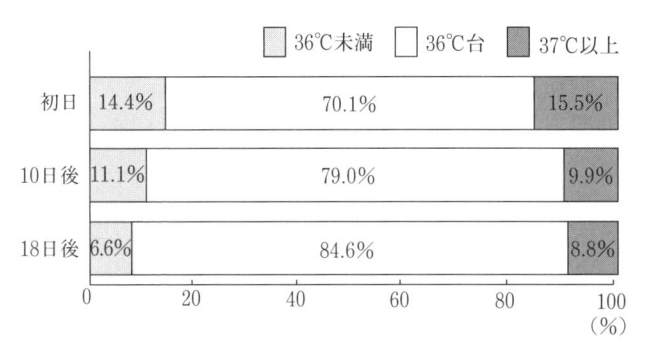

	36℃未満	36℃台	37℃以上
初日	14.4%	70.1%	15.5%
10日後	11.1%	79.0%	9.9%
18日後	6.6%	84.6%	8.8%

図1-4　5歳児181名に対する18日間の運動実践による体温区分割合の変化

4. 乳児期からの脳機能のかく乱

　最近、子どもも大人も、キレやすくなっているように思います。子どもだけでなく、大人もイライラしている人が増え、簡単にキレて大きな犯罪に結びつくことが多くなってきました。その原因は、いろいろ考えられますが、基本的には、「現代人の生活のリズム」が、人間、本来がもっている「生物としての体のリズム」と合わなくなってきて、その歪みがいろいろな問題を起こしているようです。

　最も大きな問題は、睡眠リズムの乱れだと思います。赤ちゃん時代、子どもたちは寝たり起きたりを繰り返して、1日16時間ほど眠っています。一見、赤ちゃんは昼夜に関係なく眠っているようですが、昼と夜とでは、眠り方が少々異なっているのです。

実は、日中、部屋にささやかな陽光が入る中で眠ることで、赤ちゃんは少しずつ光刺激を受けて、昼という情報を脳内にインプットし、生活のリズムを作っています。ところが、今は、建物の防音と遮光カーテンの普及で、昼でも部屋の中を真っ暗にできたり、逆に夜は遅くまでテレビの光刺激を受けての情報が脳内に入ることによって、昼夜に受ける刺激の差が非常に少なくなっています。つまり、今は、乳児の頃から、陽光刺激を適切に得て、昼夜の違いを理解し、生活のリズムを作ってくれる脳機能に、かく乱が生じているのです。

　さらに、1歳ぐらいになると、一日中、しかも夜遅くまで、テレビをつけている環境の中で寝たり起きたりを繰り返していきます。2歳ぐらいになると、テレビだけでなく、自分でビデオを操作することができはじめ、夜でも光刺激を受ける時間がグーンと長くなります。そして、幼稚園に通い始める前には、子どもの昼夜のリズムはたいへんおかしくなっています。

　人間は、本来、太陽が昇ったら起きて活動し、太陽が沈んだら眠りますが、昼も夜もない夜型社会になって、子どもたちの体の方の対応が追いつかなくなっているのです。そのために、今の子どもは乳児期から睡眠のリズムが乱されていることと、生活環境の近代化・便利化によって体を使わないですむ社会になってきたことで、体にストレスをためやすい状況になっています。

要は、子どもにとって、太陽のリズムに合わせた生活を大切にしてやり、昼間にはしっかり陽光刺激を受けさせて、戸外で活動させることです。もちろん、このことは赤ちゃん時代から、大切にする必要があります。

5. 都市の子も山間の子も、ともに生活状況が夜型化！ では、離島の子は？

1982（昭和57）年の保育園児の就寝の状況をみると、都市部の子は27.4％が午後8時台に寝ており、山間部の子では69.3％でした。ところが、2003（平成15）年には、午後9時までに寝ている子は、都市部で6.4％、山間部で8.5％しかいなく、両地域とも、幼児は遅寝になっていました。ちなみに、午後10時を過ぎて寝る子は、都市部で58.5％、山間部で51.5％と遅く、近年の子どもの睡眠のリズムは乱れています（埼玉県立大学・星教授による）。では、離島の子どもはどうでしょうか？

2004（平成16）年9月に、沖縄県の与那国島に行ってきました。与那国島は、台湾の約111km東に位置し、日本最西端の島です。人口は1,805人、面積は28.84km^2、周囲は28.6kmです。与那国島の中心部にある町立保育所の3歳以上児8名（内1名は女児）の平均就寝時刻は午後10時22分（平均起床時刻：午前7時25分、睡眠時間：9時間3分）と、本土の子どもたちと同様に、遅い就寝、短時間睡

眠となっていました。

　島の保健センターの専門官（田島政之氏）によると、1994（平成6）年以降、民間放送が島に入り、子どもたちの生活は室内でのテレビ・ビデオ視聴が増え、戸外での集団あそびや運動が減ってきたようです。そして、子どもたちの体力は徐々に低下し、戸外あそびを通した子ども同士のコミュニケーションの機会も減ってきたと心配されていました。

　また、今では、幼少児をもつ若いお母さんたちの約8割は島の人ではなく、本土から嫁いできたテレビ世代になってきたようです。よって、子どもたちのテレビ視聴時間も自然と増え、戸外あそびや運動をしなくても違和感がなくなってきているようでした。そして、日中の身体活動量が減って、あまり疲れておらず、夜も遅くまで起きている様子がうかがえました。これは、親子のコミュニケーションの機会をも少なくしていくという問題も含んでいます。

6. 健康・長寿の県「沖縄県」の子どもが危ない

　一見すると、わが国の子どもたちの生活は豊かになったように見えますが、その実、夜型社会の影響を受けて、子どもたちの生体バランスは大きく崩壊し、自然の流れに反する形で生活のリズムが刻まれていくのを見過ごすことは

できません。心とからだには、密接な関係があって、身体の異常は精神の不調へと直結していきます。だから、現代の子どもの問題は、心とからだの両面をケアして、できうるところから解決していかねばなりません。こういう点を疎かにしてきた大人には、猛省が必要です。

なかでも、健康・長寿の県と言われている沖縄県の子どもたちの休養面（睡眠）の乱れは、今日の深刻な問題です。遅寝・遅起きの子や、短時間睡眠の子どもが激増しています。とくに、短時間睡眠の子どもは、翌日に注意集中ができないという精神的な疲労症状を訴えることが明らかにされています。幼児期には、夜間に少なくとも10時間以上の睡眠時間を確保させることが欠かせません。子どもは、夜眠っている間に、脳内の温度を下げて身体を休めるホルモン「メラトニン」や、成長や細胞の新生を助けてくれる成長ホルモンが分泌されますが、今日の沖縄県では、夜型化した大人社会の影響を受け、子どもたちの生体のリズムは狂いを生じています。生活リズムの崩れは、子どもたちの体を壊し、それが心の問題にまで影響していきます。

そこで、沖縄県の子どもたちの生活習慣とそのリズムの実態をみて、問題と思われる点を抽出し、それらの改善策を考えて、子どもたちの心身の健全育成のための提案をしてみます。

夜型の社会・遅寝遅起きの生活のせいか、睡眠不足で、毎日、朝から疲労を訴えている子どもたちが増えてきまし

た。夜の10時を過ぎて居酒屋やレストラン、コンビニエンスストアに行くと、保護者に連れられている多くの幼子が目につくようになりました。

沖縄県石垣市の幼児の生活調査では、5歳児の平均就寝時刻は、男児で午後10時10分、女児は午後10時13分でした（図1-5、図1-6）。ちなみに、午後8時台に就寝している男児は4.0％、女児は3.1％しか、いませんでした。また、68.0％の男児と75.4％の女児が午後10時を過ぎてから就寝しており、ますますの夜型化が懸念されました。たとえ、夜型社会になったといえども、幼児であれば、午後9時頃までには就寝できるよう、保護者の理解と配慮が望まれるところです。なかでも、午後10時以降の活動で、テレビ・ビデオ視聴が、男女とも最も多かったことより、子どもを夜間のテレビから離すことが必要であるといえます。

睡眠時間をみますと、5歳の男女とも平均9時間17分という、極端に短い実態でした（図1-7、図1-8）。睡眠不足が続くと、子どもに精神的な疲労や情緒の問題、対人的な問題を生じてくることが懸念されました。

毎日、朝食を食べている5歳児は、男児でわずか68.0％、女児で67.7％しか、いませんでした。また、朝食の開始時刻が遅いことと食事量が少ないことから、朝に排便をすませて登園する男児は6.0％、女児は4.8％と、1割を切っていました（図1-9、図1-10）。食事をしても、テレビを見ながらの食事や1人での食事になっており、この習慣は、

第1章　休養について　17

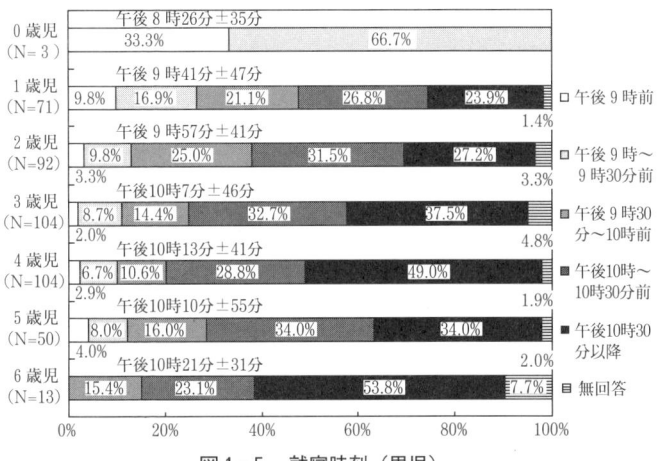

図1-5　就寝時刻（男児）

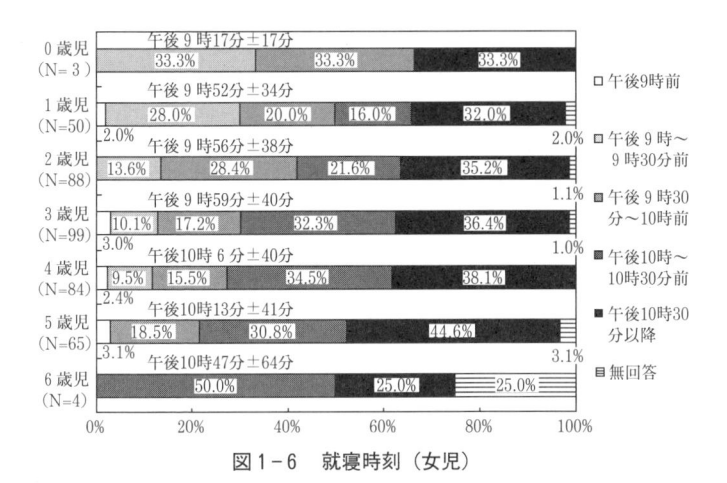

図1-6　就寝時刻（女児）

食事のマナーの悪さや栄養面の偏り、集中力のなさ、咀嚼回数の減少のみならず、家族とのふれあい時間の短縮へとつながっていきます。

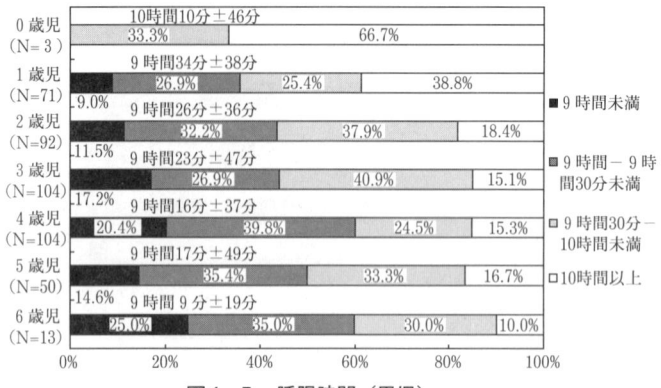

図1-7　睡眠時間（男児）

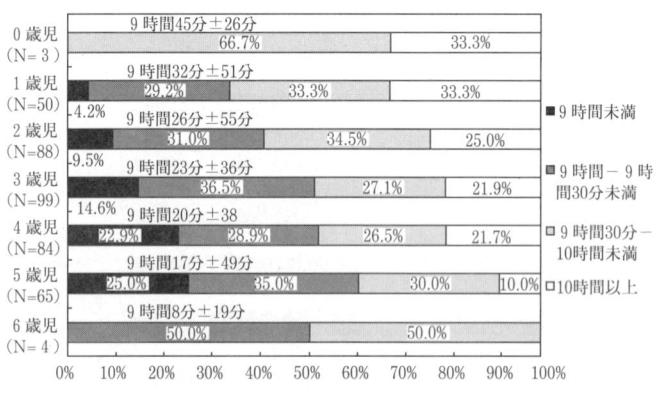

図1-8　睡眠時間（女児）

　朝食時のテレビ視聴は、男児で54.0％、女児で59.0％の幼児が行っており、保護者が気にかかる心配事は、男女とも「わが子がテレビを見ながら食べること」であり、最多でした。保護者の意識として、テレビを消して食事をすることや、可能であればテレビのない部屋で食事をすると

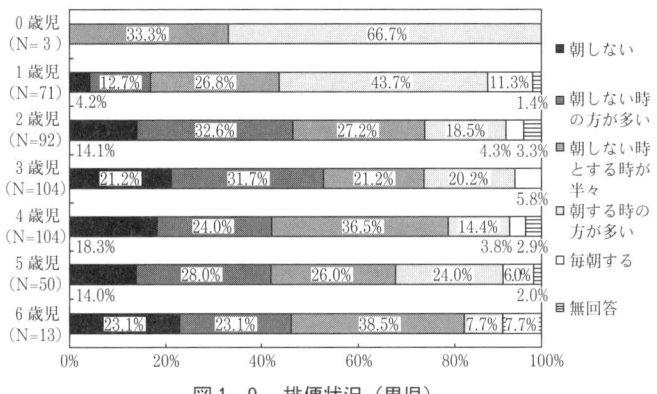

図1-9 排便状況(男児)

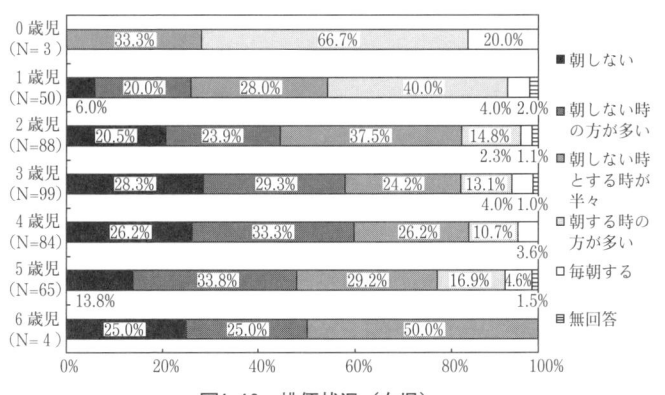

図1-10 排便状況(女児)

いった努力も必要でしょう。また、保護者の悩みとしては、「子どもの就寝が遅い」や「朝、起きられない」という睡眠の不足の他に、肥満や偏食、疲労、運動不足を挙げていました。これらは、いずれも生活の中に戸外あそびや運動を積極的に取り入れることで解決できます。つまり、子ども

の運動量を増すことで、睡眠のリズムを整えて食欲を増し、それらを習慣化することにより、摂食リズムを改善し、朝、登園してからの心身のコンディションは良好に維持されて、生活は充実し、豊かな生活体験の実現へとつながっていきます。

　要は、起床時刻や朝食開始の遅れを防止するためには、就寝時刻を現状よりも少しずつ早めていく努力をすることでしょう。これによって、前日の疲労を回復し、朝の食欲増進と朝の排便が可能となり、登園後、子どもたちは情緒の安定と対人関係のより一層の充実を図って、活動的に生活を営むことができるようになっていきます。

　実際に沖縄県の保育のプログラムを見学・研修させていただきますと、どの園においても、午睡後のプログラムとしての活動がとくに設定されていないようでした。本来、人の体温リズムがピークになる午後3時から5時頃に、戸外での集団あそびを充実させることで、夜には心地よい疲労感を誘発し、質の良い睡眠をもたらしてくれます。そして、早起きと朝の家庭における排便につながっていきます。

　このように考えますと、午睡後の水分補給やおやつ摂取の後のプログラムとして、戸外での集団あそびをはじめとする活動的な保育内容を計画するだけで、今日問題となっている子どもたちの夜型の生活リズムは大きく改善されるのではないでしょうか。

（前橋　明・松尾瑞穂）

第 2 章　栄養について

1. 食事の大切さ

　キレる子、イライラする子、疲れやすい子に共通した特徴は、食生活が乱れていることです。キレる、荒れる、むかつく、イライラする、疲れている等、子どもたちの問題行動が低年齢化して、今では、幼児期にも、その一端が見受けられます。

　これまで、子どもたちの発達相談や健康相談に携わってきますと、そのような子どもたちには、共通して「休養」「栄養」「運動」という健康を支える3要因が、しっかり保障されていないという背景に気がつきます。なかでも、1日のスタートを快く切るための朝の食事がしっかりしていません。欠食したり、食べさせてもらっても、菓子パン程度の物であったりして、食生活が乱れているのです。

　また、食事は、栄養素の補給だけをするものではありません。家族のコミュニケーションを図る絶好の機会ともなり、心の栄養補給もしているのです。食は、「人に良い」と書きます。つまり、人を良くすることを育む貴重な機会なのです。子どもたちが良く育つためには、食の場は極めて重要です。

　しっかり遊んだ後は、お腹がすいて、子どもは、必ず帰ってきます。食事を作って待機してあげてください。しかも、今日、食卓の6割以上が加工食品で占められている

中で、新鮮な食材を使っての手づくりの料理はいいですね。お母さんの温かさや努力が伝わります。子どもは、お母さんの姿勢をしっかり覚えているものです。食事を作って待機してくれる家庭には、子どもの問題はほとんど生じません。いつも、温かいお母さんや家族が、一生懸命に食事を準備して待っていてくれるから、子どもの情緒は安定しています。食事の場は、自分の悩みが言えたり、聞いてもらったり、また、将来のことを相談したりできる、すばらしい家族のたまり場・居場所なのです。大きくなって、巣立ってからも、おふくろの味を思い出して帰ってきます。友だちを家に招待して、家族に会わせることをしたくなります。そんな温かい交流のある将来がもてるはずです。

　食卓という居場所が満たされていないと、子どもたちは帰ってきません。「家はうっとうしい」「居心地が悪い」「外の方がいい」といって、外出が多くなります。だんだん親からも離れていきます。そして、夜間徘徊も、自然に多くなります。

　だからこそ、家族の対話を増やすために、食事を家族といっしょに食べましょう。そして、食事を家で作り、子どもが帰りたい家にしましょう。わが家の決まりや行事を作って、みんなで集いましょう。例えば、家族の誕生日会です。そのときの食卓は、温かい、みんなの居場所となるはずです。

2. 心の居場所づくりを大切に
　　―心のこもった料理で、家族のきずなを深めよう―

　近年の子どもたちは、塾やクラブ活動の帰り等に、コンビニエンスストアで買い物やおしゃべりをしながら、その駐車場で自分たちの居場所を楽しんでいます。ときに、その居場所で、感情がぶつかり合ってケンカが起こり、犯罪へと結びついたケースが報道されています。

　最近の犯罪をみつめてみますと、問題行動を起こした少年少女の家庭では、次の3つの問題点が共通しているようです。

① 家族間の感情の交流の場が適切にもてていないこと。

　　これまで、家族がいっしょに、ふれあいのある食事をすることで得られてきたはずの感情の交流がもてず、親子のつながりが希薄になっています。

② 保護者が、子どもの気持ちを理解せず、要求ばかりを押しつけてきたこと。

　　目先のことや親の都合にこだわって、「早くしなさい」「○○をしなさい」と、子どもを追い立てています。

③ 保護者が、子どもとのかかわりをもとうとせず、愛

情を育まなかったこと。
　　親の余暇を優先し、子どもとのかかわりを減少させています。
　食の場面だけをみても、朝食をとらず、夜は1人だけで簡単な食事をする孤食の生活が心の居場所を失い、些細なことでキレる子どもや心を乱す子どもを作りだしているようです。また、食事をしても、家族が同一時間にそろうことがなくて、家族団らんの機会をもてなくしています。近年、ますます外食やファーストフード化による偏食傾向もみられるようになって、家族の一人ひとりが好きなものを食べる個食や1人で寂しく食べる孤食を余儀なくさせられている子どもたちが増加していますので、注意をしてください。
　家族で食事をいっしょにすることにより、親は、子どもの好き嫌いのチェックができるだけでなく、正しい食事のマナーや社会のルールを子どもに伝えたり、子どもの抱える悩みや苦しみを察知したりできるのです。
　そこで、子どもたちが、「家庭に自分の居場所がある」と感じるようにするためには、日頃から次の4つに気をつけていただきたいと思います。
　①　食事や趣味の場を共有して、家族団らんの場を作ること。
　②　親子で話したり、楽しんだりする共通体験の時間を作ること、とくに、子どもにできる手伝いや家事をさ

せること（買い物や家の掃除、布団の上げ下ろし、ゴミ袋出し等）。
③ 世話のやき過ぎを避け、子どもの自主性や自立性を育てること。
④ 子どもに対して、理不尽な怒りや禁止、批判をしないこと。

とにかく、家庭を子どもが落ち着ける場所にすることと、家族間の精神的なつながりや一体感がもてるようにすることが大切です。家族が食卓を囲み、心のこもった料理で家族のきずなを深めることが、目には見えない非行の抑止力となります。家庭の味、おふくろの味は、子どもの心に、強いインパクトを与えるのです。

子どもの非行や凶悪事件を防ぐには、子どもが安らげる場所、個性を生かせる場所、熱中できる場所、汗を流せる場所が、生活の中で必要です。つまり、心の居場所が必要なのです。

3. 快便のススメ

近年、朝食を欠食し、保育園や幼稚園に着いてからボーッとしている子どもが目立ってきました。このような子どもは、きまってウンチをしていません。仮に朝食はとったとしても、スナック菓子程度では、成長期の子ども

が必要とする食事の質と量としては不十分で、ウンチも出ません。また、登園中の車内や、園近くの駐車場での食事では、情緒的にも安定しません。あわてて食べて園に駆け込むのでは、子どもたちがかわいそうです。こういった子どもは、朝のあそび中にウンチをします。友だちとの社会性を育むあそびの最中に便意を生じ、トイレに駆け込まなければなりません。これでは、健康的なウンチは出ませんし、人と関わる力も育ちません。

　子どもの排便の実態をつかもうと、私は、これまでに幼児の生活調査を実施してきました。すると、2005年度報告[4]では、「朝、排便をしない」、「朝の排便の習慣が定着していない」幼児が約8割にのぼりました。これは、子どもの生活の危機です。

　便は、食べものが体内で消化吸収された残りかすで、長い腸を通って出てきます。つまり、腸の中に満ちるだけの食べものがなければなりません。朝食を欠食すると1日2食となり、腸内の量が満たされず、便秘しがちになります。便が一定の量にならないと、排便のための反射を示さないため、食事の内容は便の重さを作るものでもあることが求められます。

　朝食を食べなかったり、食べてもスナック菓子程度であったりすると、重さも量も不足します。とくに、菓子パンと牛乳といった簡単なものですと、食物の残りかすができにくく、便秘しがちになってしまいます。

また、便には、ほどよい柔らかさが必要です。とりわけ、朝の水分補給は大切です。みそ汁やスープ等をしっかりとらせてください。卵や魚、肉などのたんぱく質の多い主菜だけに偏ると、便秘しがちになりますが、野菜やいも、海草でつくる副菜は排便を促します。心地よい排便には、食事に主菜と副菜の両方が整っていることが大切です。

　排便の不調は、十分な量の朝食と時間的なゆとりをつくることで、解決できそうです。そのためには、早めに就寝し、十分な睡眠時間と質のよい睡眠を確保することが欠かせません。食欲は、朝、起きてすぐにはわきません。早起

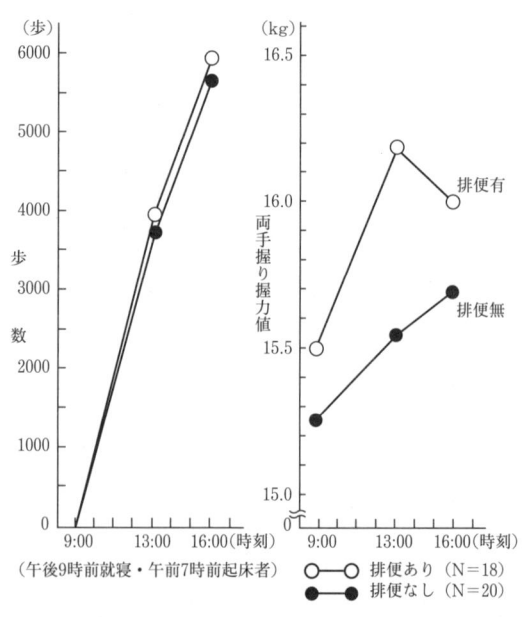

図2-1　朝の排便の有無別にみた5歳児の歩数と両手握力値

きをして胃が空っぽのところへ食物を入れれば、その刺激を脳に伝えて大腸のぜん動運動が始まり、便意をもよおします。また、朝食を食べても出かけるまでに30分はないと、排便には至らないことが多いようです。

朝、排便をすませていないと、日中、十分に筋力を発揮できず（図2-1）、快適に活動できない[5]こともわかっています。子どもたちには、ぜひ朝食を食べさせた上で、排便をすませ、ゆとりをもって登園させたいものです。

4. 肥　満

カウプ指数（BMI）ってご存知ですか？　体重（g）を身長（cm）の二乗で割って10をかけたもので、乳幼児の体格をみる指数です。発育状態の「普通」は、乳児（3か月以降）では16〜18、満1歳で15.5〜17.5、満1歳6か月で15〜17、満2歳で15〜16.5、満3歳、4歳、5歳で14.5〜16.5です。

2001年から行っている全国乳幼児健康調査（代表：前橋）では、5歳児480名のうち70名（14.6％）が「普通」の枠をはずれ、16.5を超える「太りぎみ・太りすぎ」に入りました。

その子どもたちの生活状況を分析してみますと、夜食を42.9％の子どもたちが食べていること、85.8％が夕食前の

おやつを食べていることが明らかとなりました。また、就寝時刻が平均午後10時17分（57.1%が午後10時を過ぎても、テレビやビデオを見ている）、起床が午前7時30分と非常に遅く、71.4%が親に起こされての起床でした。そして、睡眠時間は5歳児にとっては非常に短い9時間13分でした。また、朝食を2日に1回だけ食べる子が28.6%もいたのです。朝食抜きのドカ食いという、誤った摂食パターンが身についているようです。夕食前のおやつでは、甘いものやスナック菓子などを食べ過ぎている上、運動不足によって、ますます肥満に拍車がかかっているのが特徴でした。

「からだを動かして遊ぶ仲間や機会がない」、「運動あそびを知らない」「室内でテレビゲームという対物的あそびに熱中している」「体を動かしての手伝いをしない」「夕食の準備中におやつを食べながらテレビを見て待つ」「好きなときに、好きなものを好きなだけ食べる」等、身体を動かさず、栄養を過剰摂取している子どもたちが増えています。こうなると、将来、肥満となって、健康障害、例えば、高血圧や高脂血症、糖尿病などが起こりやすくなります。

肥満とは、ただ単に体重が増加しているのではなく、体の脂肪が異常に増えた状態をいいます。肥満の原因の中心は、生まれつき（遺伝）の体質ですが、これに運動不足と栄養性のものが加わって起こるのです。したがって、小児肥満の発生予防において、幼児期は最も大切な時期ですか

ら、まずは、おやつには、甘いものやスナック菓子は避け、おやつを袋ごと、ジュースをボトルのまま与えないようにしてもらいたいのです。食事では、子どもがよく食べるからといって、ハンバーグやスパゲッティー、焼きそば等の柔らかくて口当たりのよいものばかりの献立にしないようにしましょう。

　毎日の生活の中では、身体を動かすお手伝いは最高です。布団を自分で敷く、あげる、食器を片づける、庭の掃除やお風呂洗い等、生活活動を習慣化させましょう。近い距離のおつかいは、歩くことを薦めます。そして、休日には子どもといっしょに戸外で遊んでください。幼児期は、子どもたちが親から一生のライフスタイルを学習し、基本的習慣を身につける大変重要な時期です。正しい食生活と積極的な運動、身体を動かす生活行動の基本を教え、習慣化させておく必要があります。

5. おやつと夜食

　近年、朝食を欠食する大人に加えて、朝食を食べさせてもらえない子どもたちやスナック菓子をあてがわれている子どもたちが増えてきました。健康的な栄養摂取のためには、1日30食品をとる食習慣を身につけることが大切です。そのためには、1食でも欠食をさせないことです。

子どもの胃腸は、小さくて働きも大人に比べて弱いため、1回あたりの食物の摂取量は少量となりますが、発育のための新陳代謝は盛んなため、より多くのエネルギーが求められ、不足分はおやつで補う必要がでてきます。

　おやつは、子どもにとって大人の3度の食事と同様に重要であり、身体や心の成長に大きな役割を果たしてくれるのです。したがって、子どもにとって「楽しみ」ととらえるだけでなく、食事の一部と考え、栄養をとらせるようにしなければなりません。しかし、甘いものをとり過ぎたり、食事の前に食べ過ぎると、主食の食欲不振や夜食摂取の増加、ひいては肥満や生活習慣病につながります。5歳児を対象にした調査では、夕食前におやつを毎日食べる男児が70.9％、女児は72.2％に達しており、その多くは夜食をとり、就寝も遅くなっていました。

　次に、おやつのとり方のポイントを挙げておきます。

　　① 甘いものを与え過ぎないようにしましょう。
　　② 食べる時間を決め、だらだらと食べさせないようにしましょう。

　　　食べる量だけを袋から出して小袋に入れたり、皿に盛ったりして、どれくらいの量が適当かを理解させましょう。

　　③ 食事直前は、食べさせないようにしましょう。
　　④ 済んだら、必ず歯磨きをしましょう。

こうした配慮をして、楽しく食べさせてもらいたいので

す。とくに、最近のおやつは、食べやすいように柔らかくした物が多いため、噛む力が弱くなり、柔らかい物しか食べられないという悪循環を作り出しています。このため、おやつの選択にも注意を向ける必要があります。

　子ども1人だけで食べる「孤食」の増加も問題視されています。孤食化すると、食欲が増さない上に、主菜や副菜がそろわない等、栄養面にも影響しています。以前は、家族が1つの食卓を囲んで食事をする中で、一人ひとりの問題点が話し合われ、解決されていました。しかし、そうした交流のある食卓は、年々少なくなってきています。食生活は、あまりにも日常的な場であるため、おかしなことでも問題だと感じなくなってしまうところに恐ろしさがあります。正常な生活感覚を保つためには、「心の栄養」でもある食卓のあり方を見直し、人間と人間がふれ合う営みを大切にしなければなりません。

　小学生ぐらいになると、おやつづくりや配膳、片づけを通して、料理に興味をもち始めます。親子で料理をいっしょに作ることで、子どもの食生活に関する関心も高まります。保護者の考え方が伝えられる機会になるので、幼児期から積極的な食事に関する手伝いを奨励したいものです。

6. 夜食を食べないための工夫

　生活リズムの改善にあたっては、早寝・早起きの心がけと、日中の運動量の増加が大切ですが、近年、夜食を食べる子どもたちが増加しており、夜に元気となり、結果的に遅寝になっています。

　そこで、夜食を食べないための工夫を考えてみましょう。753名の方に、「夜食を食べない工夫」について、アンケート調査をしてみました。その結果、寄せられた回答は、次のようになりました。

表 2-1　夜食を食べない工夫

1	夕食をしっかり食べさせる	288名	(38.2%)
2	早く寝かせる	224名	(29.7%)
3	朝・昼・夕の三食をバランスよく食べさせる	89名	(11.8%)
4	親が夜食を食べない	49名	(6.5%)
5	夜食になるようなものを買わない	35名	(4.6%)
6	家族で協力して夜食は食べない習慣にする	24名	(3.2%)
7	おやつは決まった時間に与えるようにする	15名	(2.0%)
8	歯磨きをさせる	15名	(2.0%)
9	日中に運動をしっかりして夕食にお腹をすかせる	14名	(1.9%)
10	決まった時間に夕食を食べさせる	13名	(1.7%)
10	食べ物があるところに行かせない	13名	(1.7%)
10	栄養のバランスを考えた食事を食べさせる	13名	(1.7%)

ここで、寄せられた回答を参考にしながら、私なりに、子どもが夜食を食べないですむ方法を考えて、以下にまとめてみました。生活の中に少しでも取り入れてほしいと思います。

- 朝・昼・晩の三食を、バランスよくしっかり食べさせておく。
- 日中にあそびや運動をしっかり行わせ、夕食時におなかがすくようにさせる。
- おやつは、日中の決まった時間に与え、夕食に差し支えのない量を食べさせる。
- 夕食前のおやつは食べさせない。午後4時以降は、おやつを食べないルールにする。
- 夕食は、十分に『食べた』というくらいしっかり食べさせる。
- 夕食後から寝るまでの間は、食以外のことを行う。例えば、子どもに本を読んで聞かせたり、1日のできごとを話したりして、できるだけ親が子どもといっしょに楽しく過ごす。
- 夜食を食べない習慣を家族が協力して作る。

7. 幼児の食行動と食事のチェック
　―食事のチェックで、あたたかい親子・家族のきずなを深めよう―

　食生活を見直して、食事を家族全員が楽しむためのチェックをしてみましょう。

(1) 子どもの食べ方チェック
　お子さんの食べ方をチェックしてみてください。
① 「いただきます」をして、食事を始めていますか？
② 楽しそうに食べていますか？
③ よく噛んで食べていますか？
④ 落ち着いて食べていますか？
⑤ 食事やおやつを決まった時間に食べていますか？　夕食直前のおやつはダメだよ！
⑥ 家族の人とかかわりをもって食べていますか？テレビを見ながらの食事はダメだよ！
⑦ スプーンやフォーク（1歳半）、おはし（3歳以上）を使って食べることができていますか？
⑧ 食事が終わったら、「ごちそうさま」をしていますか？

(2) 食欲や健康づくりにつながる子どもの生活チェック

　食欲や健康づくりにつながるお子さんの生活をチェックしてください。

① 夜は、9時頃までに寝るようにしていますか？
② 朝、ウンチをしていますか？
③ 歩いて、通園やおつかいができていますか？
④ 身体を動かす運動あそびをして、汗をかいていますか？
⑤ 戸外を好んで遊んでいますか？
⑥ 友だちと関わっていっしょに遊んでいますか？
⑦ 身体を動かすお手伝いができていますか？
⑧ 夜は、お風呂に入ってゆったりできていますか？

(3) 保護者の自己点検

　今度は、保護者の方の自己点検です。
　食事づくり、食べ物の組み合わせ、生活をふり返ってチェックしてみましょう。

① 味のついていない白いごはん・パンの主食（食事の中心で炭水化物を多く含み、エネルギー源になるもの）はありましたか？
② 魚や肉、卵、大豆製品などを主材料にした主菜（主なおかずのことで、たんぱく質や脂質を多く含むもの）はありましたか？
③ 野菜やいも、海草などを主に使った副菜（カルシ

ウムやビタミン、食物繊維などを多く含み、食事全体の味やいろどりを豊かにするもの）はありましたか？

④　うす味を心がけましたか？

⑤　食の材料をうまく組み合わせてみましたか？

⑥　子どもの発育・体調に合わせて、食事の種類や量、大きさ、固さを工夫していますか？

⑦　お子さんの自分で食べようとする意欲を大切にしていますか？

⑧　食事について、家族や身近な人と話をして、良いアイデアを参考にしていますか？

以上のチェック項目は、家族みんなの心がふれ合って、味わいのある食事ができるようになるために、健康生活上、必要と思われる事柄を考えてみたものです。全部で24項目あります。現在、親子共々できている項目に〇印をつけ、その数を健康点数として記録し、今後、少しずつ、今より良い展開ができるよう、意識して生活をしてみましょう。きっと、毎日、子どもの笑顔でいっぱいになることでしょう。

第3章　運動について

1. 心地よい空間

　私が子どもの頃は、道路や路地でよく遊びました。遠くへ遊びに行くと、あそびの種類が固定されましたが、家の前の道路で遊んでいれば、あそびに足りない道具があっても、すぐに家から持ってくることができました。石けりに飽きたらメンコを取りに帰り、メンコに飽きたら空き缶をもらいに帰って、缶けりを始めました。遊び場が遠くにある場合、道具や必要なものを取りに帰って再び集まろうとすると、どうしても時間がかかってしまいました。だから、家から近い遊び場は、それがたとえ道路であっても、居心地の良い空間だったのです。

　また、道路や路地もアスファルトでなく土だったので、絵や図を描いたり、ゲームをしました。もちろん、地面を掘り起こして、土あそびもできましたし、雨が降ると、水たまりができるので、水あそびをすることもしばしばでした。地面は、あそびの道具でもあったのです。相撲をしても、アスファルトと違い、転んでもさほど痛くなく、安全でした。親は、家の台所から子どもたちの遊んでいる様子が見えるため、安心していました。いざというときにも、すぐに助けることができました。

　子どもは長い間続けて活動できない代わりに、休息の時間も短く、活動と休息を短い周期で繰り返します。集中力

の持続が難しい幼児期はなおさらです。そうした意味からも、家の近くの路地は子どもにとって短い時間であそびを発展させたり、変化させることのできる都合の良い場所だったのです。

今日は、住宅街の一角に必ず、緑を整えたおちつける公園があります。しかし、単に地区の1か所に安全なスペースを用意して「子どものための遊び場を作りましたよ」と呼びかけても、子どもたちはあまり遊ぼうとしないのです。自由にはしゃぐことができなければ、子どもは自由な活動を自制してしまうのです。「静かにしなければ迷惑になる」「土を掘ってはだめ」「木登りや球技は禁止」といった制約の付いた空間は、子どもの遊び場には適しません。

確かにこうした禁止事項は、公園の美観を維持し、利用者の安全を大切にするためには必要かもしれませんが、子どもの成長や発達にとって決して好ましいことではないのです。

やはり、子どもには自然の中で縄を掛けて木と木の間を渡ったり、地面を掘って基地を作ったりするといった、子ども自身の豊かなアイデアを試みることのできるあそびの場が必要なのです。あそびの実体験を通して得た感動は、子どもの内面の成長に欠かせません。そして、そこから自ら考え、学ぶ姿勢が育まれていくのです。

2. 子どもにとっての安全なあそび場

　子どもの行動は実に多様で、予想外の場所や動きから、大きな事故の発生することが予測されます。子どもたちが健康でケガや事故のない生活を送るためには、私たち大人が、子どもの利用する施設や設備の環境整備を十分に行い、毎日の安全点検を怠らないことが基本です。それと同時に、あらゆる場所で発生する事故を予測し、未然に防ぐための、子どもたちへの指導や配慮も必要です。せっかく安全な環境が整っていても、安全指導が欠けていたために事故につながることは問題です。このことは、とくに、子どもの年齢が大きくなるにつれて、重要になってくることです。

　しかし、近年の子どもたちを見ていますと、戸外での生活経験や運動あそびが少なくなり、社会生活の中においても、して良いことと、悪いことの区別もつきにくくなってきています。さらに、親として、子どもに危険なことはさせないようにするために、危険と思われる事柄をむやみに禁止することだけで対応している方も多くなりました。ただ禁止するだけでは、子どもの中に、危険を察知し、判断する力は養われにくくなります。子どもたちに、危険な理由やその問題点を具体的に知らせたり、考えさせたり、また、日頃から危険を回避する身体づくり・運動能力づくりを行って、子どもたちの安全能力を高めていく工夫や指導

が望まれるのです。

　そこで、子どもたちが安全に、かつ、健康的に行動できるようにするための、施設設備の安全上のチェックポイントを、戸外あそびの場を取り上げて、ご紹介したいと思います。

(1) **園庭や公園の広場**
　① 地面の排水が良く、滑りにくい状態であること。
　② フェンスや塀の破損がないこと。
　③ 石・ガラスの破片、その他の危険物がないこと。
　④ マンホールや側溝のふたが安全であること。
　⑤ 災害発生時の避難場所や避難経路が確保されていること。

(2) **砂　場**
　① 適切な湿気や固さで、砂の状態が維持されていること。
　② 木片やガラス、小石などを除いておくこと。

(3) **すべり台**
　① 腐食やさび、破損がないこと。
　② 着地面に十分なスペースがあり、安全性が確保されていること。

(4) ぶらんこ

① 支柱に、ぐらつきや破損、腐食のないこと。

② 前後に柵を作り、他児との接触・衝突事故が起こらないように配慮されていること。

(5) のぼり棒・雲梯(うんてい)・ジャングルジム

① 支柱にぐらつきや、支柱とのぼり棒のつなぎ目、設置部分に破損や腐食がないこと、子どもの手や足の入る小さなくぼみや穴のないこと。

② 周囲に危険物がなく、基礎コンクリートが露出していないこと。

(6) 鉄棒

① 支柱がしっかりしていること。

② 年齢に応じた高さのものが設置されていること。

③ 接続部分が腐食・破損していないこと。

要は、庭や砂場など、子どもたちが積極的に活動する場所や、素足になる可能性のある所では、木片や石、ガラスの破片などの危険物のないことが大切です。すべり台やぶらんこ、のぼり棒、雲梯、ジャングルジム、鉄棒では、支柱のぐらつきや設置部分に破損や腐食、手足の入るくぼみや穴がなく、周囲には危険物のないこと、そして、基礎コンクリートが露出していないこと等が基本条件です。

保護者の方々だけでなく、園の先生方、地域の人々、行政の施設管理者の方々など、大人たちみんなが協力し合って、子どもたちの安全環境を整え、日々点検し、子どもたちのあそびや活動を暖かく見守っていきたいものですね。

3. ガキ大将の役割

　今日、都市化や少子化のあおりを受けて地域のたまり場あそびが減少・崩壊し、ガキ大将の不在で、子どもたちが見取り学習をしていたモデルがいなくなりました。運動のスキルは、放っておいても身につくものだと考えている人が多いですが、これは大変な誤解です。

　かつては、園や学校で教えなくても、地域のガキ大将があそびをチビッ子たちに自然に教え、見せて学習させていました。子どもたちは、見たことができないと、仲間から馬鹿にされるので、泣きながらも必死に練習しました。時には、あそびの仲間に入れてもらいたいがために、お母さんにたのんで陰の特訓をした子どもたちも多くいました。運動スキルの習得には、それなりの努力と練習があったのです。

　今は、そんなガキ大将や年長児不在のあそびが多いわけですから、教わること・練習することのチャンスに恵まれない子どもたちでいっぱいなのです。親や保育者の見てい

ない世界で、運動スキルや動作パターンを、チビッ子たちに教えてくれていたガキ大将の代わりを、いったい誰がするのでしょうか？

つまり、異年齢集団でのたまり場あそびの減少・崩壊により、子ども同士のあそびの中から、いろいろなことを教わり合う体験や感動するあそび込み体験のない中で、今の子どもは、必要なことを教えなければ、学んだことの活用もできない状態になってきています。

親だけでなく、保育者・教師も、子どもたちの見本となって、運動スキルや動作パターンを見せていく機会を真剣に設けていかねばならないと考えます。運動スキルの学習は、字を書き始める作業と同じで、お手本を見ただけでは、うまくいきません。手やからだを支えたり、持ってあげたりして、いっしょに動いてあげないと、習いはじめの子どもにはわかりませんし、スキルが正しく身にもつきません。場所と道具を揃えたあそび環境だけを作って、満足していてもダメなのです。

したがって、子どもたちが自発的にあそびを展開していくためには、まず、基本となるあそびや運動の仕方を、かつてのガキ大将やあそび仲間にかわって実際に紹介する必要があります。そして、子どもたちが自発的にあそびを展開したり、バリエーションを考え出したりして、あそびを発展させるきっかけをつかんだら、大人は、できるだけ早い時期に、主導権を子ども側に移行していく基本姿勢が大

切です。

　今、子どもたちには、親や保育者、教師が「動きの見本を見せる努力」と、「子どもといっしょにダイナミックに遊ぶ活動力や熱心さ」が必要とされているのです。

4. 紫外線と戸外あそび

　「紫外線がシミやシワを生み、老化だけでなく、癌をも誘発する」「オゾン層の破壊・減少によって、紫外線による害は、ますます増える」……このような情報を耳にして、保育園や幼稚園に対し、「わが子を太陽の下で遊ばせないで」「裸でプールへ入れないで」といった過剰な要望をする保護者の方が増えてきました。このため、保育者の研修会では、先生方から「太陽の下での戸外あそびについてどう考えたらよいのか」「プールは禁止にしなければならないのか」等という質問をよく受けます。

　確かに、殺菌作用があり、布団干しや日光消毒に有益な紫外線（C波）でも、その量が多すぎると、皮膚の細胞を傷つけることがあるのです。また、エリテマトーデスという病気の人は、日光過敏症があって発疹が出ますから、日光を避けなければなりません。ですから、医師から特別な理由で陽光を避けたり、控えたりする指示をいただいているお子さんの場合は、必ず医師の指示に従ってください。

しかしながら、普通の子どもの場合は、日常生活で受ける紫外線はまず問題ないと考え、戸外で積極的に運動した方が良いでしょう。日常、私たちが受ける紫外線の主な光源は太陽ですが、短い波長の紫外線は大気圏のオゾンに吸収され、中でも短いC波は自然界では大気中でほとんど吸収されます。このため、日常生活中に受ける紫外線で皮膚癌にかかる可能性はまずないと思ってください。むしろ、健康や身体づくりに欠かせない紫外線の効果に目を向けていただきたいのです。

　紫外線は、電磁波の総称で、波長の長さによってA波（長波長）とB波（中波長）とC波（短波長）の3種類に分かれています。この中で、健康に欠かせないのがA波とB波で、A波には細胞の活動を活発にして、その生まれ変わりを促進させる作用があります（日光浴）。B波には、皮膚や肝臓に蓄えられたビタミンD_2をビタミンD_3に変える役目があり、食物から摂取したカルシウムを体内カルシウムに再生して、生きる力のベースである骨格を作り、神経伝達を良くします。つまり、日光浴や戸外あそびによって骨が丈夫になり、運動神経が良くなるのです。骨粗しょう症の予防にも、日光浴は重要な因子となります。また、ビタミンD_3は免疫能力を高めるので風邪を引きにくく、病気の回復が早まります。このビタミンD_3は、食べ物から摂ることはできず、体が紫外線を浴びることでしか作れないのです。

日常、浴びる紫外線に発癌のリスクがあれば、厚生労働省や文部科学省をはじめとする政府の関係機関は、戸外あそびやプールでの戸外活動を禁止するはずですから、子どもたちの健康生活のためにも、現状では、成長発達を促進する外あそびや運動を積極的に行うことの方が大切なのです。

5. 正しい姿勢

近年の子どものあそびは、戸外での運動が減る一方、室内でのゲームやテレビ、ビデオ等を利用した対物的なあそびが激増しています。しかも、寝転んだ状態や猫背の状態が続いており、決して望ましい姿勢がとれているとはいえません。

姿勢の悪さは、身体に様々な悪影響を及ぼします。例えば、脊椎が曲がって変形する脊椎側弯をはじめ、近視、胃腸障害などが挙げられます（表3-1）。テレビ視聴や室内あそびの際、頬杖をついたり、片方の肘をついて片側に身体を寄りかからせたりするような姿勢を続けると、背中や肩の筋肉の使い方が不均等になり、肩や背中、腰が痛みやすく、脊椎側弯を生じます。また、テレビや本と目の距離が近すぎると、近視や猫背になります。とくに、猫背では、背中が丸くなるため、胸が狭くなって肺が十分に拡張せず、

肺の働きが低下します。胃腸も胸部から圧迫され、胃腸障害が起こります。さらに、視力が悪化したり、疲れやすくなったりするため、勉強が長く続けられなくなります。

悪い姿勢の主な原因を調べると、だらしない姿勢でテレビを見る様子が確認されました。夜型化した文明社会での子どもの生活行動を考え直し、動作や姿勢を見直すことが

表3-1　不良姿勢の害

問題	原因や問題となる状況
脊椎側弯	頬杖をついたり、片肘をついて、片側に身体を寄りかからせての不自然な姿勢での生活（読書や学習）が続いていたため、背中や肩の左右の筋肉の使い方が不均等になり、肩や背中、腰が痛みやすくなる。
猫背	背中が丸くなると胸が狭くなり、肺が十分に拡張しない。肺活量が十分のびない。肺の働きが低下する。胃腸が胸部から圧迫され、胃腸障害がおこる。
近視	眼と本やノートとの距離が近すぎるため、顔を真下に向けて本を見ていると、眼球はそれ自体の重みで眼窩の中で下の方に下がろうとするが、視神経によって眼球の後方は上の方につり上げられられた形となり、眼軸がのびる。
ぎっくり腰（椎間板ヘルニア）	重い物を持ち上げるとき、腰や膝を十分に曲げないで、背骨だけに負担がかかっておこる。
へっぴり腰	腰だけが後ろにとり残された状態。腰をまっすぐにして、その上に背骨が正しくのった状態とでは、身長にして1〜2cmの差がみられる。身長が高く、すらりとした身体に見えない。

(前橋　明：姿勢と座り方, 運動・健康教育研究7(1), pp.7-14, 1997)

欠かせません。また、親や家族が、子どもの姿勢の悪さを注意しなくなったことも原因の1つといえます。子どもの健康管理について、保護者の意識を高めることが必要でしょう。

　大人は、もっと真剣に子どもの体づくりや姿勢教育のことを考えていかねばなりません。小学校低学年頃までは、まだ骨格が固まっておらず、悪いくせもついていないので、それまでに正しい姿勢や良い姿勢を身につけるように指導していくことが極めて重要です。一度、悪い姿勢が身につくと、矯正するのに時間がかかり、後で大きな努力が必要となります。

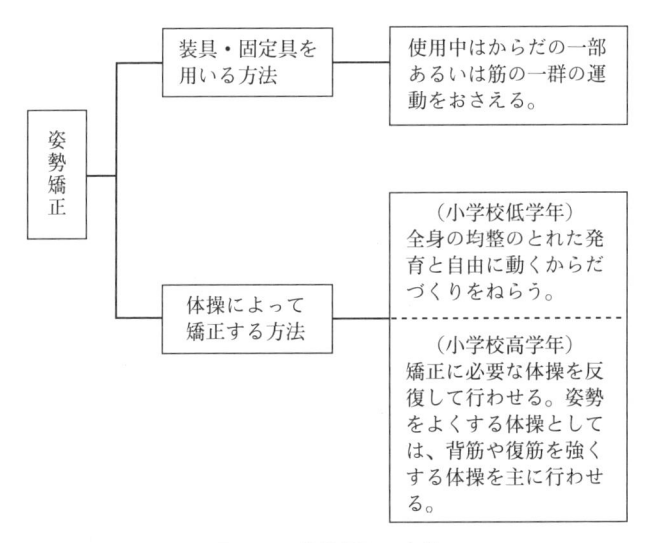

```
                 ┌─ 装具・固定具を ─── 使用中はからだの一部
                 │  用いる方法         あるいは筋の一群の
                 │                     運動をおさえる。
  姿勢矯正 ──────┤
                 │                    ┌ （小学校低学年）
                 │                    │ 全身の均整のとれた発
                 │                    │ 育と自由に動くからだ
                 └─ 体操によって ─────┤ づくりをねらう。
                    矯正する方法       ├ - - - - - - - - - - -
                                       │ （小学校高学年）
                                       │ 矯正に必要な体操を反
                                       │ 復して行わせる。姿勢
                                       │ をよくする体操として
                                       │ は、背筋や復筋を強く
                                       │ する体操を主に行わせ
                                       └ る。
```

図3-1　姿勢矯正の方法
（前橋　明：姿勢と座り方, 運動・健康教育研究7(1), pp.7-14, 1997）

姿勢を良くする体操としては、背筋や腹筋を強くする動きを主に行わせたいものです。体操によって矯正する場合、小学校低学年期には、全身の均整のとれた発育と、自由に動く身体をつくることをねらってください（図3-1）。また、高学年期に入ると、矯正に必要な体操を反復させることが大切でしょう。

表3-2 立っているときの姿勢のポイント

姿　　勢	ポイント
立位姿勢	(1) 両足は平行にし、体重を足全体にかける。 (2) 膝は伸ばしたままで、力を抜く。 (3) 背中を伸ばし、胸をはり、おなかを引く。 (4) 肩を軽く下げ、両手を自然に垂らす。 (5) 頭を上げて、顎を引く。
歩行姿勢	(1) 前方に身体を倒して、重心を前方に移動する。 (2) 膝の力を抜いて太ももを前に上げ、膝から下を太ももの動きに応じて前に移動する。 (3) 残った方の下肢を伸ばし、足で地面を蹴る。同時に前方に移動した足を地面につけ、重心をその足に移す。 (4) 腰から上は、まっすぐに伸ばす。 (5) 上肢を下肢と左右反対の関係をもって、左右交互に振る。
持ち上げ姿勢	(1) 腰と膝を十分に曲げる。 (2) 背骨と腰と膝で、物を持ち上げる。 （ぎっくり腰の予防）
肩かけ姿勢	(1) 一方の手や肩だけで持たない。 (2) 左右を時々、交換する。

（前橋　明：姿勢と座り方, 運動・健康教育研究 7(1), pp.7-14, 1997）

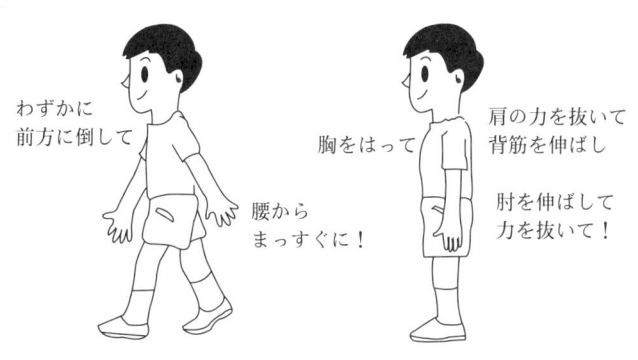

図3-2　正しい姿勢

　日頃の心がけとしては、①立っているとき、肩の力を抜いて背筋を伸ばす、②全身を平等に運動させて柔軟さを培う、③物を持ち上げるときは、腰と膝を十分に曲げ、膝の伸展運動を利用する、④肩に物をかけて運ぶ際は、一方の手や肩だけで持たず、左右を時々交換する、⑤読書中は、目と本との距離を30cm以上離す、⑥寝転んでの両足上げやブリッジ等で腹や背中の筋肉を強くし、身体をしっかり支えられるようにする等に留意してみてはいかがでしょうか（表3-2）。

6. 戸外で汗の流せる「ワクワクあそび」のススメ

　近年、あそび場（空間）やあそび友だち（仲間）、あそび時間（時間）という3つの間（サンマ）が、子どもたちの

あそびの世界から激減して、子どもたちの心とからだにネガティブな影響を生じています。これを、間抜け現象ということにしましょう。

この間抜け現象が進行する中で、気になることは、子どもたちの大脳（前頭葉）の働きが弱くなっているということです。鬼ごっこで、友だちから追いかけられて必死で逃げたり、木からすべり落ちそうになって一生懸命に対応策を試みたりすることによって、子どもたちの交感神経は高まっていきますが、現在ではそのような架空の緊急事態がなかったり、予防的に危険そうなあそびは制止され過ぎて、発育発達上、大切な大脳の興奮と抑制体験が、子ども時代にしっかりもてないのです。

あそびを通して、友だち（人）とのかかわりの中で、成功と失敗を繰り返し、その体験が大脳の中でフィードバックされていくと、大脳の活動水準がより高まって、おもいやりの心や将来展望のもてる人間らしさが育っていきます。

また、ワクワクして熱中するあそびの中で、子どもたちは運動エネルギーをしっかり発散させて、情緒も安定し、さらに時間の流れや空間の認識能力をも発達させていきますが、この３つの「間」が保障されないと、小学校の高学年になっても、興奮と抑制のコントロールのできない幼稚型のままの状態でいることになります。つまり、興奮することもなく、あるいは、興奮だけが強くなって抑えが効かない状態で、人との交流も非常に下手で、将来の計画を培

うことも不得手となるのです。つまり、大人に向かう時期になっても、押さえがきかなく、計画性のない突発的な幼稚型の行動をとってしまうのです。

なお、「子どもたちの姿勢も、近年、悪くなってきた」といわれており、その原因としては、テレビを見る姿勢が悪い、注意してくれる大人がいない、体力が弱くなって姿勢を維持できない等の理由が挙げられています。しかし、悪い姿勢の子どもが増えてきたことは、単に生活環境や姿勢を保つ筋力低下の問題だけではないような気がします。私が思うに、前頭葉の働きが弱くなっているがゆえに、脳の中で、「良い姿勢を保とう」という意志が起こらなかったり、そういう意志が持続しなかったりしていることも、大きな原因の1つだと考えています。

子どもたちと相撲や取っ組み合いのあそびをしてみますと、汗だくになって、目を輝かせて何度も何度も向かってきます。今も昔も、子どもはいっしょです。そうやって遊び込んだときの子どもは、興奮と抑制をうまい具合に体験して、大脳（前頭葉）を育てているのです。今の子どもは、そういう脳やからだに良いあそびへのきっかけがもてないのでしょう。

世の中に便利な物が増えて、生活が快適になってきますと、その中にどっぷり浸かる人間が増えてきます。生活の中で一番育ちの旺盛な幼少年期に、からだを使う機会がなくなると、子どもたちは発達しないうちに衰えていきます。

今の子どもは、放っておけば自然と成長するのではなく、悪くなることの方が多くなった気がします。便利で快適な現代生活が、発育期の子どもたちの発達を奪っていきますので、今こそ、みんなが協力し合って、子どもの心とからだのおかしさに歯止めをかけなければなりません。

そのためには、まず、子どものあそびを大切にした３つの共通認識をもつことが大切です。

① あそびの中の架空の緊急事態が、子どもたちの交感神経を高め、大脳の働きを良くします。

② あそびの中では、成功体験だけでなく、失敗体験も、前頭葉の発達には重要です。

③ 子どもたちには、日中にワクワクする集団あそびを奨励しましょう。１日１回は、汗をかくくらいのダイナミックな外あそびが必要です。

7. 運動量の確保

　健康に関する重要な課題の1つとして、生活リズムの確立に加え、「運動量の確保」が挙げられます。とくに、子どもにとって午前中、活動意欲がわくホルモンが分泌されて体温が高まっていく時間帯の戸外あそびは極めて重要で、成長過程における必須の条件といえます。

　では、幼児にはどのくらいの運動量が必要なのでしょうか？「歩数」を指標にして運動の必要量を明らかにしてみます。調査[6]によると、午前9時から11時までの2時間の活動で、子どもたちが自由に戸外あそびを行った場合は、5歳男児で平均3,387歩、5歳女児2,965歩、4歳男児4,508歩、4歳女児が3,925歩でした（図3-3〜図3-6）。室内での活動は、どの年齢でも1,000〜2,000歩台で、戸外の活動より少なくなりました。

　また、自然の中で楽しく活動できる「土手すべり」では、もちろん園庭でのあそびより歩数が多く、5歳男児で5,959歩、5歳女児で4,935歩、4歳男児で4,933歩、4歳女児で4,114歩でした。さらに、同じ戸外あそびでも、保育者がいっしょに遊んだ場合は、5歳男児で平均6,488歩、5歳女児5,410歩、4歳男児5,323歩、4歳女児4,437歩と、最も多くの歩数が確保されました。環境条件（自然）と人的条件（保育者）のかかわりによって、子どもの運動量が大き

く増えることを確認しました。

　戸外あそびを充実することで、子どもたちは運動の快適さを身につけます。その中で、人や物、時間への対処をしていくことによって、社会性や人格を育んでいくのです。子どもたちが、一番、活動的になれるのは、生理的にみると、体温が最も高まっている午後3時から5時頃です（図3-7）。この時間帯にも4,000〜6,000歩は確保したいものですが、近年は仲間や遊び場が少なくなっていますので、せめて半分の2,000〜3,000歩程度は動く時間を保障したいものです。

　午前11時から午後3時頃までの生活活動としての約1,000歩を加えると、1日に7,000〜10,000歩を確保することが可能になります。そのためにも、魅力的なあそびの環境を提供し、保育者や親があそびに関わることが、近年、とくに重要になってきました。

　運動あそびの伝承を受けていない現代っ子ですが、保育者や親が積極的にあそびに関わっていけば、子どもと大人が共通の世界を作ることができます。そして、「からだ」と「心」の調和のとれた生活が実現できるのではないでしょうか。

第3章 運動について　59

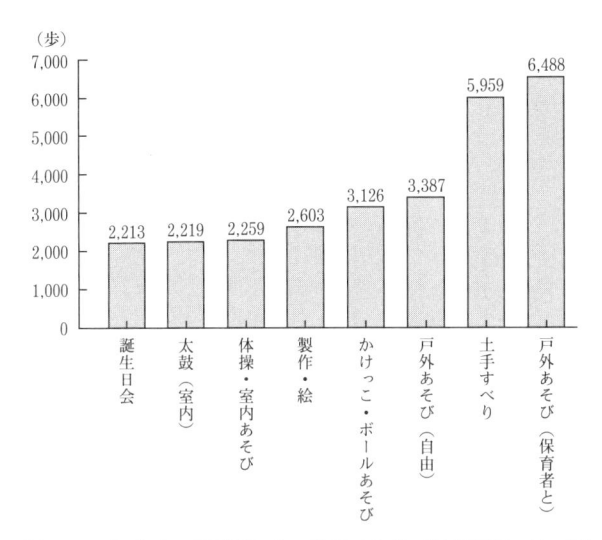

図3-3　午前中の活動別にみた幼児の歩数（5歳男児　N＝14）

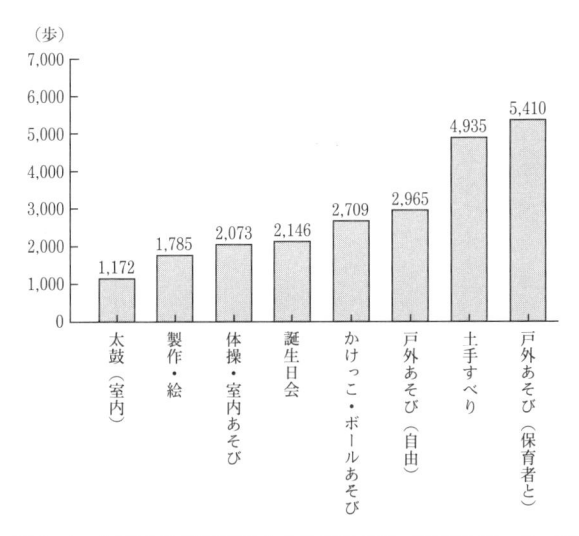

活動	歩数
誕生日会	2,213
太鼓（室内）	2,219
体操・室内あそび	2,259
製作・絵	2,603
かけっこ・ボールあそび	3,126
戸外あそび（自由）	3,387
土手すべり	5,959
戸外あそび（保育者と）	6,488

図3-4　午前中の活動別にみた幼児の歩数（5歳女児　N＝19）

活動	歩数
太鼓（室内）	1,172
製作・絵	1,785
体操・室内あそび	2,073
誕生日会	2,146
かけっこ・ボールあそび	2,709
戸外あそび（自由）	2,965
土手すべり	4,935
戸外あそび（保育者と）	5,410

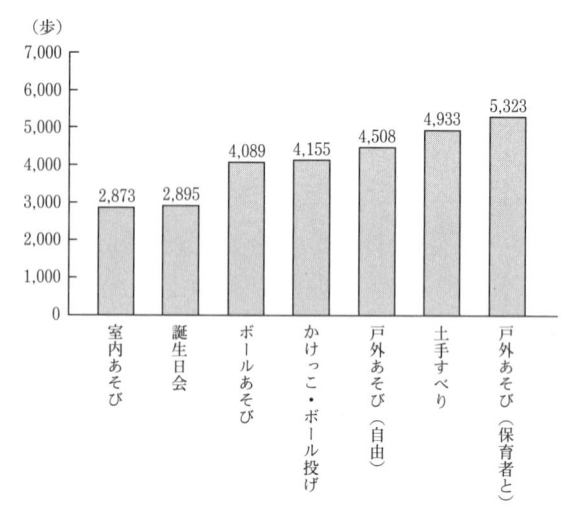

図3-5 午前中の活動別にみた幼児の歩数（4歳男児　N=22）

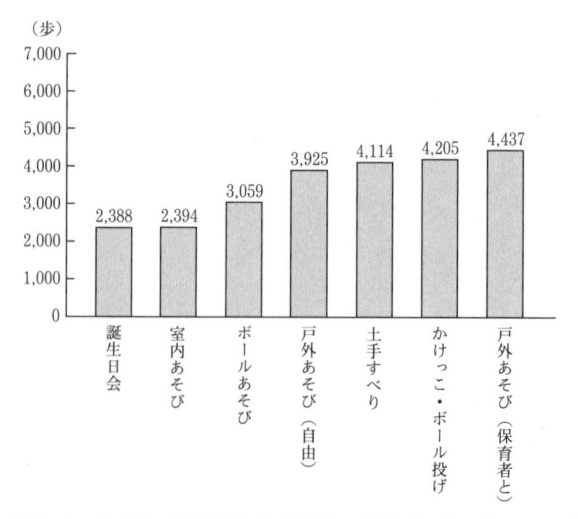

活動	歩数
室内あそび	2,873
誕生日会	2,895
ボールあそび	4,089
かけっこ・ボール投げ	4,155
戸外あそび（自由）	4,508
土手すべり	4,933
戸外あそび（保育者と）	5,323

図3-6 午前中の活動別にみた幼児の歩数（4歳女児　N=18）

活動	歩数
誕生日会	2,388
室内あそび	2,394
ボールあそび	3,059
戸外あそび（自由）	3,925
土手すべり	4,114
かけっこ・ボール投げ	4,205
戸外あそび（保育者と）	4,437

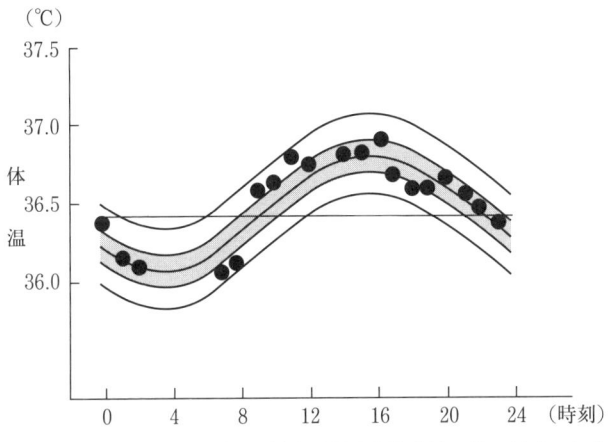

図3-7 体温概日リズムに対する最適余弦曲線の当てはめ、およびその信頼区間と棄却限界（佐々木、1987）

8. 徒歩通園

　最近、子どもの社会性の未熟さ、とくに、人とのかかわりのまずさや、相手を思いやるやさしさの欠如が指摘されるようになりました。小さい時期から親や友だちとのかかわり、ふれあいを重ねていれば、今の子どもはもう少し変わっていただろうなと思うことがよくあります。

　たまり場あそびの減少と、親子による徒歩通園の軽視が、その大きな原因になっている、と私は思います。中でも、徒歩通園を軽んじてひんぱんに自動車を利用するせいか、足腰が弱かったり、自然に親しむ経験に欠けていたりする

子が増えています。登園後も、体温が高まらず、「ボーッ」としている子も、同様の理由をもっているはずです。幼稚園や保育園の通園時に、親といっしょに歩くことで、子どもたちは運動能力の発達だけでなく、コミュニケーションや自然の事物・現象について学びます。そのことの重大さに保護者の皆さんはもっと気づいてほしいと願います。

　私には子どもの頃、こんな思い出があります。秋の収穫時に、田んぼで稲穂が垂れている光景を見た際、いつも送り迎えをしてくれていた祖母が「なぜ稲穂が垂れているか知っている？」と私に尋ねたのです。祖母は、「春先から太陽（親）が暖かく照らして（育てて）くれたので、大きくなったときに『太陽（お父さん、お母さん）さん、ありがとう』と頭を下げて感謝しているんだよ」と、稲穂が垂れている理由を教えてくれました。通園途中の祖母からのささやかな語りかけが、「親に感謝し、親を大切にしよう」という気持ちを抱せてくれたのでしょう。

　車でさっと送り迎えをし、時間を短縮していくことは、教育的に決してよいこととはいえません。たとえ、時間がかかろうとも、親子の徒歩通園は、幼児期の子どもにとって貴重な人間形成の時間であり、親の魅力や人生観を感じ取る絶好の機会なのです。機会あるごとに、親と子がふれあいの時間を少しでも多くもってほしいものです。幼児期の友だちとのかかわりは、もちろん大切ですが、それにも増して極めて重要なのが親子関係です。人のありがたみを

知り、人を思いやって大切にする心を育てるためにも、通園途中のささやかな親子の対話に取り組んでもらいたいものです。

　それが、たとえ1日に10分でも15分であっても、毎日の送り迎えで繰り返されると、子どもにとって大変貴重な人間形成の時間となります。「チリも積もれば山となる」でしょうか。

9. 子どもの「運動やあそび」の重要性に、お父さんやお母さん、社会の皆さんの理解がほしい

　近年、家庭における子どもたちは、室内でテレビやゲームで遊ぶことが多く、外に出て全身をフルに使って遊んだり、運動したりすることが少なくなってきました。また、遊ぶ場があっても、保護者に関心がなければ、子どもを外あそびになかなか出さないのが実状でしょう。

　もちろん、事故やケガ等を心配してのこともありますが、身体活動量の不足は、脳や自律神経、ひいては、心の発達にも大きな負の影響を及ぼすことが、保護者を含め、社会全般にも十分に認知されていないことが、子どもの健全育成にとっての大きなブレーキとなっていると思います。

　外あそびの必要性を多くの人々にご理解をいただくために、まずは、保育・教育・保健・体育関係のリーダーの方々が、率先して保護者や社会に啓発していくことが大切

でしょう。そして、運動嫌いの子どもたちには、ぜひとも、外あそびの魅力を味わわせていただきたいと願います。

(1) 園や学校での様子をみて

園や学校での子どもたちの様子を観察してみますと、自由時間や休み時間に、園庭や校庭、運動場で遊ぶ子どもたちの姿が減ってきています。園や学校によっては、独自の特色ある体力向上プランの工夫と実践をされているところもありますが、近年、小学校では体育時数削減により、体力向上の継続的な取り組みのできにくい状況にもあります。

また、指導者によっては、子どもの体力低下に対する危機感が薄かったりすることもありますので、ぜひとも、指導者層に、子どもの「運動あそびやスポーツ、体育」に、理解と関心のある人を増やしていきたいものです。

(2) 地域での様子をみて

地域では、親子クラブや子ども会をはじめ、児童館・公民館活動組織、育成会、社会体育クラブ等が、子どもたちの健全育成を願い、あそびや運動、スポーツによるさまざまな行事や活動を実施していますが、現在、そこに参加する子どもと参加できない子どもの二極化が見られます。また、それぞれの組織の連携が密になっているとは言えない現状も見られていますので、参加したくてもできない子どもへの呼びかけや誘い、各組織間のネットワークづくりに、

みんなで目を向け、力を入れていきたいものです。

　さらに、総合型地域スポーツクラブも、各地で立ち上げられてはいますが、一部地域に限られているようにも感じます。子どもと「運動・あそび・スポーツ」とのかかわりを深めていくためには、地域のリーダーや運動・スポーツの指導者育成と、地域の運動・スポーツ環境づくりが今後も一層重要となりますので、市民や地域でできないことへの「行政のご理解とご支援」に大いに期待したいものです。

10. 親子ふれあい体操と親子クッキングのススメ

　わが国では、子どもたちの学力低下や体力低下、心の問題の顕在化が顕著となり、各方面でその対策が論じられ、教育現場では悪戦苦闘をしています。子どもたちの脳・自律神経機能低下、不登校や引きこもりに加えて、少年犯罪などの問題も顕在化しており、それらの問題の背景には、幼少児期からの「生活リズムの乱れ」や「親子のきずなの乏しさ」が見受けられ、心配が絶えません。

　子どもたちが抱えるいろいろな問題の改善のためには、大人たちがもっと真剣に「乳幼児期からの子ども本来の生活」を大切にしていくことが必要なのです。夜型の生活を送らせていては、眠気やだるさを訴えるのは当然です。睡眠不足だと、注意集中ができず、また、朝食を欠食させて

いるとイライラ感が高まるのは当たり前です。授業中にじっとしていられず、歩き回っても仕方がありません。

　幼いときから、保護者から離れての生活が多いと、愛情に飢えるのも自然なことでしょう。親の方も、子どもから離れすぎると、愛情が維持できなくなり、子を愛おしく思えなくなっていきます。便利さや時間の効率性を重視するあまり、徒歩通園から車通園に替え、歩くという運動量確保の時間が減っていき、親子のふれあいコミュニケーションが少なくなり、体力低下や外界環境に対する適応力も低下しています。テレビやビデオの使いすぎも、対人関係能力や言葉の発達を遅らせ、コミュニケーションがとれない子どもにしていきます。

　また、朝食が作れない保護者まででてきました。「朝、親が起きない」「親が食事を作らない・作れない」等の理由で、悩んでいる子どもがいるのです。そんな状態で、日本の子どもの学力向上や体力強化は図れません。キレる子どもや問題行動をとる子どもが現れても不思議ではありません。

　ここは、腰を据えて、乳幼児期から親子のふれあいがしっかりもて、かつ、からだにも良いことを実践していかねばならないでしょう。そこで、2つの提案があります。それは、「親子体操」と「親子クッキング」の実践です。

　まず、親子で遊んだり、体操をしたりする機会を設けるのです。子どもといっしょに汗をかいてください。子どもに、お父さんやお母さんを独り占めにできる時間をもたせ

てください。親の方も、子どもの動きを見て、成長を感じ、喜びを感じてくれることでしょう。他の家族がおもしろい運動をしていたら、参考にしてください。子どもががんばっていることをしっかりほめて、自信をもたせてください。子どもにも、動きを考えさせて創造性を培ってください。動くことで、お腹がすき、食事が進みます。夜には、心地よい疲れをもたらしてくれ、ぐっすり眠れます。親子体操の実践は、食事や睡眠の問題改善にしっかりつながっていきます。

　食事づくりの苦手な親御さんのためには、親子クッキングの会はいかがでしょうか。子どもと楽しみながら、料理の仕方、食事の作り方を楽しく学んでください。子どもの方も、その会がお手伝いの活動となって、他者に協力する力や態度、マナーが身についていきます。

　親子体操や料理教室は、これまで、いろいろなところで、取り組まれている内容です。でも、それらをみんなで本気で実践するために、地域や社会が、町や県や国が、本気で動いて、大きな健康づくりのムーブメントを作るのです。こんな体験をもたせてもらった子どもは、きっと勉強や運動にも楽しく取り組んで、さらに家族や社会の人々とのコミュニケーションがしっかりとれる若者に成長していくはずです。

　急がば回れ、乳幼児期からの生活やふれあい体験を大切にしていきませんか。

第4章　生活リズム向上への提案

1. 早寝・早起きの知恵

　早寝早起きで睡眠のリズムを整え、きちんと朝食を食べて徒歩登園すれば、体温はおのずと高まります。それが子どもたちの心身のウオーミングアップにつながり、いろいろな活動に積極的に取り組むことができるようになるのです。

　保護者のみなさんは、頭では理解しているでしょうが、今日の夜型化した生活の中での実行となると、なかなか難しいようです。そこで、早寝早起きを実践するための具体的なアイデアを示してみます。

　早寝、早起きの知恵として、それぞれ4つのポイントを挙げてみます。

(1) 早寝

① 太陽の下で十分運動させ、心地よい疲れを得る。

　　午前中だけでなく、午後3時以降の運動あそびを充実すれば、夕方にはおなかがすいて夕食に専念でき、午後8時頃には疲れがピークとなり、眠くなります。反対に昼、部屋の中でテレビを見たり、夕食前におやつを食べながらテレビゲームをすると、心地よい疲れが得られず、なかなか眠れません。

② 夕食と入浴を早めに済ませ、遅くまでテレビを見

せない。

　テレビを見る時間や寝る時刻を決め、寝る前に飲食や過度な運動をさせないことが大切です。睡眠の前に活発に運動したり、光刺激を受けていくと、大脳が活性化して眠れなくなります。夜は入浴で体を温め、リラックスさせるのが一番でしょう。
③　家族が寝る体制を作る。

　協力して子どもが安心して眠れる環境を作りましょう。寝室にテレビの音や話し声が聞こえないようにした上で、静かで優しい音楽を流すのも良い方法です。
④　翌朝の通園が楽しみという雰囲気を作りましょう。

(2) **早起き**
①　カーテンを薄めにし、朝日が射し込むようにしましょう。

　朝になったらカーテンを開け、外の新鮮な空気や陽光を部屋の中に入れます。また、ベッドの位置を窓の近くに移し、戸外の小鳥の鳴き声や生活音などが自然な形で入りやすくしましょう。
②　夜、寝ついたらエアコンを切り、例えば、冬は朝の寒気で自然に目覚めるようにしましょう。
③　楽しく起きることができるようにしましょう。

おいしい朝食を作り、起きる時刻に子どもの好きな音楽をかけます。子どもの好きな目覚まし時計を使うのも良いでしょう。時には、朝食のにおいを流してみてはどうでしょうか。

④　親が早く起きて見本を示しましょう。

子どもは、常に親の行動を見ていて、まねをすることを忘れないようにしましょう。

要は、実現可能な目標を設定することが大切です。決してたくさんではなく、1つずつです。なかなか難しいことと思いますが、安易に見過ごしてしまうと、将来、子どもの体と心に取り返しのつかないことが起こるかもしれません。

2. 夜、寝つきのよい子は、よく育つ
　　―寝つきをよくするためには―

①　昼間、楽しく、おもしろく、満足のいくあそびや運動に熱中させ、笑いの時間をもたせます。とくに、戸外での運動あそびは、夜に心地よい疲れを生じさせて早く眠りにつけ、質のよい睡眠をもたらしてくれます。

② 夕食を午後7時までにすませます。夕食を午後7時過ぎに始める家庭の子どもの多くは、就寝が午後10時を過ぎてしまいます。夕食時刻がずれると、入浴も遅くなり、いろいろな生活の節目が乱れてきます。幼児の夕食は、午後6時から7時の間が適しています。また、夜は腸の消化力が下がってくるので、午後7時を過ぎての多量な夕食は控えることが必要です。さらに、夜遅くの夕食は、肥満の原因になったり、夜尿を誘発させたり、翌朝の食欲が高まらない引き金にもなります。とくに、午後7時30分を過ぎてからの夕食は、子どもにとっては、「不健康食」といえるかもしれません。気をつけてください。

③ 遅い父親の帰りを待って、夕食や入浴をしようとする家庭が増えてきましたが、父親の遅い時間に子どもをつき合わせていたら、子ども本来の育ちを乱して、子どもの未来を弱くしていきます。夕食が遅くなることは、子どもにとって、本当にかわいそうなことなのです。

④ 夕食は、できるだけ薄味で食べさせるようにします。

⑤ 夕食後には片づけを手伝わせ、家族だんらんとして、子どもといっしょにはしゃいで遊ぶ時間も少し設けてください。子どもが小さければ、家の中を這いまわって遊ぶことをおすすめします。子どもに

満足感を与えるだけでなく、子どもの全身機能の発達や腕や手の育ちにも役立ちます。10分～15分程度で十分です。逆に、運動量が多すぎると、かえって血液循環がよくなりすぎて、眠れなくなるので、要注意です。
⑥　寝る前には入浴をし、入浴後は少し水分補給をさせておきます。
⑦　寝る前には、小便をすませ、はだかになって寝巻きに着替えさせます。
⑧　寝床に入れて、電灯を消し、部屋を暗くします。「おやすみ」と言った後は、静かにします。もちろん、音が聞こえないようにする配慮が必要です。寝つくまでは、暗く、静かな環境の中で、子どものそばにいてください。また、寝つきの悪い子どもを眠らせようと、口うるさくうながしたり、叱ったりすると、かえって、中脳や視床下部など、眠りを担当する脳を興奮させ、眠れなくします。

　寝つきのよい子は、昼に運動エネルギーをしっかり発散し、あわせて情緒の解放を図っているので、夜には心地よく疲れがでてきます。つまり、日中の活動が充実していると、「おやすみ」と言った後、「あれ？もう眠っている！」というように、眠りへの導入が非常に早くなります。

　これらのことを大切に考えると、幼児は、夜8時頃には眠ることがたいへん重要であることがわかります。十分な

睡眠を保障して、子どもたちの未来を豊かにしましょう。

3. 夜型（遅寝遅起き）の子どものリズムは、外あそびで治る

　保育園や幼稚園、小学校に登園・登校しても、無気力で、遊んだり、勉強したりする意欲がない。落ち着きがなく、集中できない。すぐイライラしてカッとなる。そういった不機嫌な子どもたちが増えていますが、その背景には、夜型生活、運動不足、食生活の乱れからの心やからだの異変があります。

　こういう子は、きまって寝起きが悪く、朝から疲れています。そこで、運動の実践で、自律神経を鍛え、生活のリズムを築き上げる自然な方法をおすすめします。とくに、本来の体温リズムがピークになる午後3時から5時頃が動きどきです。この時間帯に戸外でからだを使って遊んだり、運動したりすると、おなかがすいた状態で夕食を食べ、夜は心地よい疲れを生じて早く眠くなります。そして、朝は、ぐっすりと眠ったことにより機嫌よく起きられます。

　実際、午後3時以降に積極的に運動あそびを取り入れた高知県吾川村の名野川保育所では、「夜8時台に寝つく子どもが増え、登園時の遅刻も激減した」と、吾川村子育て支援センター長の前岡三重子先生は語ります。教育委員会の尾木文治郎先生らのバックアップを受けて、村ぐるみの子

育て活動へと発展しています。

　今日の子どもを取り巻く環境は、冷暖房にテレビ、ビデオと、室内環境が豊か過ぎます。しかも、テレビやビデオをお迎えが来るまで見せている保育園も多くみられるようになってきました。幼稚園や小学校から帰っても、あそび仲間が集えなく、個別に家庭での室内あそびを余儀なくされている子どもたちが増えています。これら環境の問題が、子どもたちの生活リズムに合った活動を、かえって邪魔をしています。

　要は、体温の高まりがピークになる午後3時頃から、戸外で積極的にからだを動かせば、健康な生体リズムを取りもどせます。低年齢で、体力が弱い場合には、午前中にからだを動かすだけでも、夜早めに眠れるようになりますが、体力がついてくる4歳から5歳以降は、朝の運動だけでは足りません。体温の高まるピーク時の運動も、ぜひ大切に考えて取り入れてください。

　幼少児のからだを整えるポイントは、次の4点です。

　　① 体温がピークになる午後3時から5時頃にからだを動かす。
　　② 夕食をしっかり食べて、夜9時前には寝る。
　　③ 朝7時前には起きて、朝食を摂り、排便をする。
　　④ 午前中もできるだけ外あそびをする。

がんばってみましょう。

4. 生活リズム改善へ向けての日中のあそびや運動に集中する知恵

　生活リズムの改善には、「早寝・早起き」を基本とすることが良策です。今日、約4割の幼児の就寝が午後10時を過ぎている現状は、国家的な危機です。この夜型化した子どもの起床や朝食開始の時刻の遅れを防止する具体策は、就寝時刻を現状よりも1時間早めることです。これによって、充実した園内生活を体験させるために必須の条件である朝食の摂取と朝の排便が可能となり、登園後の生活の中で、子どもたちは情緒の安定と対人関係の充実をよりいっそう図っていくことができるでしょう。

　つまり、幼児の生活リズム上における問題点の解決は、「就寝時刻を早めること」ですが、そのためには、「子どもたちの生活の中に、太陽の下での戸外運動を取り入れること」が極めて重要です。子どもの場合、生活リズムに関する問題解決のカギは、毎日の運動量にあると考えますから、まずは、子どもの生活リズムを立て直すための「日中のあそびや運動に集中するための方法」を探る必要があります。

　そこで、その方法をいくつか考えてみましたので、紹介していきます。各家庭で、手軽にできることから始めて下さい。

　・前夜からよく寝て疲れを回復させておく（十分な睡眠

をとらせておく)。
- 朝食をしっかり食べさせる。
- 朝にウンチをすませ、すっきりさせておく。
- 朝、子どもを気分よく送り出す。笑顔で送り出す。
- 歩いて登園させて体温を高め、朝のからだのウォーミングアップをさせる。
- のびのびと遊べる空間・あそびの場所を用意する。
- 友だちと遊べる環境を用意する。
- 自由なあそびの時間をしっかり与える。親は自分のこと(家事)ばかりに気を取られず、子どものあそび時間を確保する。
- 親(保育者)も、子どもといっしょに遊ぶ。
- 楽しさの経験ができるあそびを紹介・伝承する。
- 季節の戸外あそびや運動の楽しみ方を、親が実際の体験を通して教える。
- テレビ・ビデオはつけず、おやつや食べ物は目につかないようにする。
- 子どもの興味のあるあそびや運動をさせる。
- 好きなあそびや運動をしているときは、そっとしておき、熱中させる。
- 上手に運動しているところや良い点は、オーバーなくらいしっかりほめ、自信をもたせ、取り組んでいる運動を好きにさせる。
- 子どもが「見てほしい」と願ったら、真剣に見て、一

言、「よかったよ」とか「がんばったね」と言葉を添える。
・昼寝をさせて、からだを休めておく。
・子どもが服を汚して帰ってきたら、叱らずに「よく遊んだね！」と言ってほめる。
・ふだんからからだをよく動かす習慣にしておく。

第5章 生活リズム向上戦略

1. 生命力の低下

　近年の子どもたちの生活上の問題点を、健康面から探ってまとめてみますと、日中の戸外あそびが少なく、遅寝遅起きに、運動不足による肥満、徒歩通園をしないため、精神力・持久力が低下、朝食をとらないため、排便が不安定—といった様々な問題点が見つかりました。そして、子どもたちは、朝から疲労を訴え、遊びたがらない状態になっています。

　こうした状態が続けば、一体どうなるのでしょうか？夜型の乱れた生活を繰り返していると、幼児でもストレスがたまり、様々な体の不調を訴えます。頭痛、胃痛にはじまり、下痢、不眠、発汗異常や睡眠障害も頻繁にみられます。心身ともに疲れていくことで、自律神経系の機能低下まで起こるのです。

　人間は長い歴史の中で、昼に活動し、夜眠るという生活リズムをつくってきました。自律神経も、日中は交感神経がやや優位に緊張し、夜眠るときは副交感神経が緊張するというリズムをもっています。しかし、子どもの生活リズムが悪くなると、自律神経の本来の働き方を無視することになります。

　自律神経は、内臓や血管、腺などに分布して、生命維持に必要な呼吸、循環、消化吸収、排せつ等の機能を自動的

に調節してくれていますが、生活のリズムが悪いと、反射的に行われるこれらの調節ができなくなるのです。また、幼児期からの習い事が増えているため、脳が処理すべき情報量が増加し、一方で、それに反比例した睡眠時間の減少が大きなストレスとなって、常に緊張状態が続くように、子どもたちを追いつめているのです。

　これでは、幼児に副交感神経の著しい機能不全が起こっても仕方がないでしょう。つまり、生体リズムを支える脳機能にネガティブな変化が生じ、脳のオーバーヒート状態になって時差ぼけ的な症状が現れます。この状態が、さらに慢性化・重症化すれば、睡眠は浅く長いものとなり、自律神経の機能低下とホルモンの分泌異常によって活動能力は極端に下がっていきます。そして、将来、小学校から中学、高校へと進学するプロセスの中で、勉強に全く集中できず、日常生活も困難となり、家に閉じこもるような事態も予想されます。

　今日の大きな問題は、生体リズムの混乱に伴う、子どもたちの生命力そのものの低下といえそうです。生体リズムの乱れが背景となり、自律神経機能の低下や障害、エネルギー代謝異常などが複雑に絡み、子どもたちを活気のない状況に追いやっているようです。

　だからこそ、この21世紀は、子どもたちの生活点検をして、大切なことや改善すべきことを再考していきたいのです。まずは、できそうなところから、1つずつ取り組んで

いくことです。家庭の状況に応じて課題を1つ設定し、あきらめずに行ってみましょう。

2. 旬の食べ物・四季のあそびを大切に

　今日の子どもの生活を見渡すと、食べ物でも、運動でも、季節や自然との遊離を強く感じるようになってきました。野菜や魚介などの実りの時季で、最も栄養価が高くなって、いちばん味の良い時季のことを旬と言いますが、今日では、四季の変化に応じて、旬のものを食べることも、四季ならではのあそびや運動をすることも少なくなり、メリハリがなくなってきたように感じます。

　私が子どもの頃は、いちごは初夏からしか食べられませんでした。しかし、今では、年中、いちごが店頭に並び、いつでも食べられるようになりました。また、夏には、暑いので水あそびや水泳をしました。冬に湯を沸かして、泳ぐことはしませんでした。水あそびが始まると、そこに泳ぎや潜りの競争あそびが自然に始まりました。知恵や創造性が、四季折々に大きく育まれていったのです。この四季の特徴を生かしたあそびが、季節の旬の活動であり、そこで多くのあそびのバリエーションが子どもたちの知恵（創造性）により生み出され、その工夫の積み重ねと活動体験が生きる力の土台となっていったのです。

つまり、かつての子どもたちは、自然の変化に応じて、その時々の旬の食べ物を食べ、豊かな栄養を得て、季節の特徴を生かして考えだしたあそびや運動を楽しんでいたのです。また、四季があるということは、寒いときもあり、暑いときもあるということですから、それだけ幅の広い温度差に接し、体も、その差に対する対応力や抵抗力を身につけなければならないわけです。

もっと自然にふれて、暑いときには、暑いときにしかできない旬のあそびや運動をしっかり経験させることで、身体機能を向上させるだけでなく、人間のもつ五感を十分に養い、豊かな感性を四季の変化の中で、自然な形で育てていくことにつながります。

自然破壊が進む中で、私たち大人は、子どもたちに、もっと自然の大切さや魅力をあえて教え、とりわけ、日本では、四季の変化に応じた自然からの恵みを受けている「幸せ感」を感じる体験をさせてもらいたいものです。

自然に対し、自然からの感動や安らぎを得た経験をもつ子どもたちこそ、本当の自然の大切さを感じることのできる大人になっていくことができるのです。

3. 子どもの生活と疲労症状
　―研究知見の紹介―

① 子どもの疲労の訴えは、月曜日に多く、とくに、

月曜日の「ねむけとだるさ」の訴えは、火曜日から金曜日の訴えよりも顕著に多いことを確認しました。近年の子どもは、月曜日に「ねむけとだるさ」「注意集中の困難」の疲労症状を多く訴えています。これは、週末の活動の疲れが、翌日の月曜日に表れて睡眠不足の症状を出しているということでしょう。つまり、日曜日における遠出のレジャー、親の外出のつきあい、過度な習いごと等の極端な生活パターンの乱れによる影響と思われます。休日においても、ふだんと同じような規則正しい健康的な生活リズムを維持させることが望まれます。

② 夜間に、9時間程度の短い睡眠時間の幼児は、翌日に「イライラする」「じっとしていられない」「注意できない」等の精神的な疲労症状を訴えます。そのため、幼児期には、少なくとも10時間以上の睡眠時間の確保が望まれます。睡眠時間が10時間以上の幼児は、室内あそびよりも、戸外あそびをすることが多いことがわかっています。

③ 午後10時をすぎて就寝した遅寝の幼児は、翌朝9時の疲労の訴えが顕著に多いことがわかりました。つまり、就寝時刻が遅いと睡眠時間は短くなり、朝食があまり食べられず、登園時(午前9時)の体温は低くて、疲労感の訴えは多くなります。そして、日中に運動あそびをしないことや夜におやつや夜

食を食べることが、就寝の遅れや睡眠時間の短縮を招くと同時に、翌朝の起こされての起床や朝食の欠食、食欲不振、排便のなさへの誘因となっていきます。そして、午前9時の握力値を弱めていくのです。さらに、就寝時刻が遅い場合、朝食をしっかり食べる子どもの割合は少なく、食べない子どもの出現が確認されています。また、起床時刻が午前6時台の幼児は、朝食をしっかり食べていることもわかっています。

④　午後9時前に就寝、10時間以上の睡眠時間を確保して午前7時前に起床し、朝食を摂取した幼児の中で、家庭において排便をすませて幼稚園や保育園に登園した幼児の握力値は、排便のなかった幼児に比べ、一日中高く維持されます。

⑤　1日の疲労の訴えを低く維持するためには、就寝時刻を午後9時よりも前にすることと、十分な睡眠をとらせて、子どもを疲労の少ない状態で保育園や幼稚園に登園させることです。それによって、園内の生活において、十分な身体活動量を確保することができます。ちなみに、就寝時刻の遅い幼児は、祖父母同居の家庭の幼児よりも核家族の家庭において、また、午後3時以降に運動あそびをしっかりしない子どもに多く見られています。

要は、日中に体を動かして、いい汗をかいてもらいたい

のです。そうすれば、食欲を高めるだけでなく、夜には、心地よい疲れを得て、自然とはやく眠ることのできる身体ができあがります。そして、朝から、すっきりとした良いスタートが切れるのです。

4. 一点突破・全面改善のための知恵

　子どもと保護者の生活調査や生活リズム研究を通して、わかってきたことを、以下に示します。

　① 年齢が低く、体力の弱い子どもは、午前中のあそびだけで、夜には疲れを誘発し、はやく眠くなりますが、加齢に伴って体力がついてくると、午前中のあそびだけでは疲れをもたらさず、遅くまで起きていられます。もう1つ、午後のあそびが必要です。とりわけ、午後3時以降の積極的な運動あそびで、しっかり運動エネルギーを発散させ、情緒の解放を図っておくことが、夜の入眠を早める秘訣です。

　② 夕食の開始が午後7時を過ぎると、就寝が午後10時をまわる確率が高くなります。幼児には、午後6時から7時頃までに夕食を始めさせるのがおすすめです。

　③ 朝、疲れている子どもは、テレビやビデオの視聴時間が長く、夜、寝るのが遅いです。そして、睡眠

時間が短く、日中の運動量が少ないです。その母親の携帯メールの実施時間は長いことがわかっています。ともに、夜は物とのかかわりをしており、親子のふれあい時間が少ないのが特徴です。

④ 夜8時になったら、環境を暗くし、夜を感じさせて、眠りへと導きましょう。テレビのついた部屋は、光刺激が入るので眠れません。電気を消して部屋を暗くすることが大切です。

⑤ 朝になったら、カーテンをあける習慣を作ります。朝には、陽光を感じさせ、光刺激で目覚めさせましょう。

生活は、1日のサイクルでつながっているので、1つが悪くなると、どんどん崩れていきます。しかし、生活の節目の1つが改善できると、次第にほかのことも良くなっていくというロマンがあります。これら5項の知恵を参考にして、生活改善の作戦を立ててみましょう。あきらめないで、問題改善の目標を1つに絞り、1つずつ改善に向けて取り組んでいきましょう。必ずよくなってきます。

文　献

1) 前橋　明ほか：乳幼児健康調査結果（生活・身体状況）報告，運動・健康教育研究 12(1)，pp.69-143，2002
2) 前橋　明・石井浩子・中永征太郎：幼稚園児ならびに保育園児の園内生活時における疲労スコアの変動，小児保健研究 56(4)，pp.569-574，1997
3) 前橋　明：子どもの心とからだの異変とその対策について，幼少児健康教育研究 10(1)，pp.3-18，2001
4) 子どものからだと心白書編集委員会：子どものからだと心白書 2005，ブックハウス・エイチディ，2005
5) 前橋　明：子どもの生活リズムの乱れと運動不足の実態，保健室 87，pp.11-21，2000
6) 前橋　明・石垣恵美子：幼児期の健康管理—保育園内生活時の幼児の活動内容と歩数の実態—，聖和大学論集 29，pp.77-85，2001

あとがき

　成長期の子どもたちが健全に育っていくためには、「時間」「空間」「仲間」という、3つの「間」（サンマ）を整えることと、日中に運動エネルギーを発散し、情緒の解放を図る機会や場を与えることの重要性を見逃してはなりません。そのためにも、とくに幼少児期には、2時間程度の午後あそびが非常に大切となります。

　要は、生活の中に戸外あそびや運動、スポーツを積極的に取り入れることで、運動量が増して、子どもたちの睡眠のリズムは整い、その結果、食欲は旺盛になります。この健康的な生活のリズムの習慣化によって、子どもたちの心身のコンディションは良好に維持されて、心も落ち着き、勉強にも取り組め、さらに、カーッとキレることなく、情緒も安定していきます。

　運動とかあそびというものは、体力づくりだけでなく、基礎代謝の向上や体温調節、あるいは脳・神経系の働きに重要な役割を担っています。生活リズムの改善・整調や創造力・知的能力の開発、精神的な落ち着き、社会性づくり等に、運動刺激は極めて有効です。ときが経つのを忘れて、あそびに熱中できる環境を保障していくことで、子どもたちは安心して成長していけるのです。

この部分を真剣に何とかしていくことが、私たち大人に与えられた緊急課題でしょう。子どもたちに、日中のあそび、とくに戸外での運動あそび、放課後あそび、クラブ活動を楽しく実践させて、生活改善の作戦を立ててみましょう。

2006年5月

早稲田大学　人間科学学術院
教授／医学博士　前橋　明

子どもたちの健全育成に
貢献できることを願って

　子どもの生活リズムが、夜型化して久しく、それは都市部のみならず、山間部、地方、さらには、離島の子どもたちにまで及んでいることが明らかになりました。大人の夜型生活、テレビやビデオ、テレビゲームの氾濫、子どもの事件・事故の増加、少子化など、子どもの基本的な生活リズムを乱し、健康を損なう引き金となりうるものは、身近にあふれているのが現状です。

　戸外での集団あそびの場や時間、仲間の欠如は、すでに全国共通の問題となっており、私たちにできうることは、まず①身近な子どもたちに、安全なあそびの場を提供していくことでしょう。また、各家庭のご理解をいただいて、②子どもたちに、あそびの時間を保障してあげること、そして、③子どもたちもその時間を共有しようと集まることが大切です。

　前橋研究室でも、集まった子どもたちと、直接かかわりをもち、時を忘れるほどアツくなるようなあそびを経験してもらおうと、日々、実践を積んでいます。

　この視点に立ち、前橋研究室では学生同士が協力し合い、大学近辺の地域を巻き込みながら、幼児には「親と子との

ふれあいあそび」を、また、小学生には「放課後の午後あそびの活動」を定期的に展開しています。初めは身近なところから、そして、これが徐々に全国的な活動として広がり、全国の大学生が地域と関わり合いながら、子どもたちの健全育成に少しでも貢献していくことを願っています。

2006年5月

早稲田大学人間科学部　前橋研究室

松尾　瑞穂

■著者紹介

前橋 明（まえはし あきら）

- ●学 歴 米国南オレゴン州立大学卒業
  鹿児島大学卒業
  米国ミズーリー大学大学院 修士（教育学）
  岡山大学医学部 博士（医学）
- ●職 歴 倉敷市立短期大学教授、米国ミズーリー大学客員研究員、米国バーモント大学客員教授、米国ノーウィッジ大学客員教授を経て、現在、早稲田大学教授
- ●受 賞 1998年日本保育学会研究奨励賞受賞
  2002年日本幼少児健康教育学会功労賞受賞
- ●著書・論文 「アメリカの幼児体育」大学教育出版（2002）、「現代学校教育大辞典」ぎょうせい（2002）、「健康 Health」明研図書（2001）、「日本の子どものからだの異変とその対策」韓国幼児体育学会誌第4号（2003）、「健康福祉科学からの児童福祉論」チャイルド本社（2003）、「子どものからだの異変とその対策」体育学研究第49巻第3号（2004）、「0〜5歳児の運動あそび指導百科」ひかりのくに（2004）、「アメリカにおける子どもの健康教育」大学教育出版（2005）、「乳幼児の睡眠と生活リズムを考える」保育通信 No.598（2005）、「低年齢児〜幼児とのふれあいあそび―手あそび＆親子体操―」ひかりのくに（2005）、「最新健康科学概論」朝倉書店（2005）など

生活リズム向上大作戦

2006年6月19日 初版第1刷発行
2006年7月15日 初版第2刷発行

- ■著 者──前橋 明
- ■発 行 者──佐藤 守
- ■発 行 所──**株式会社 大学教育出版**
  〒700-0953 岡山市西市855-4
  電話(086)244-1268(代) FAX(086)246-0294
- ■印刷製本──モリモト印刷㈱
- ■装 丁──原 美穂

© Akira MAEHASHI 2006, Printed in Japan
検印省略 落丁・乱丁本はお取り替えいたします。
無断で本書の一部または全部を複写・複製することは禁じられています。

ISBN4−88730−698−9

幼少児の健康づくりシステム

すこやかキッズカードのおすすめ

　子どもたちの基礎体力・運動能力は、年々、低下傾向をたどっています。その原因には、戸外あそびから室内あそび（テレビゲーム）へのシフトや自動車の利用などによる運動不足、夜型生活による睡眠不足、朝食欠食の増加などがあげられます。

　これに歯止めをかけ、健康的な生活を送れるように支援するには、子どもたちの生活や体力などの実態を的確に把握し、最適な解決策を講じることです。

　そのために、保育者や指導者の皆様に、子どもたち（幼児・児童）の体力や生活実態をはじめとする健康データの分析結果をわかりやすくご説明するとともに、保護者、子ども本人向けにもアドバイスを入れた個別健康カード「すこやかキッズカード」をご提供いたします。

すこやかキッズ体力研究会

会　長　前橋　明（早稲田大学教授）
　　　　〒359-1192　埼玉県所沢市三ヶ島2-579-15　早稲田大学　人間科学学術院
　　　　TEL・FAX：04-2947-6902　E-mail：maehashi@waseda.jp
事務局長　生形　直也
委員長　田中　光（洗足学園短期大学）
委　員　星　　永、岩城淳子、米谷光弘、浅川和美、足立　正、三宅孝昭、
　　　　石井浩子、有木信子、松永幸子、鍛冶則世、原田健次、木戸啓子

すこやかキッズカードの申込み方法

お申込み：下記の電話、FAX、電子メールにて、お申込みを受付いたします。

記録表の送付：体格体力測定実施要領、記録表、調査票を郵送します。

記録表の回収：記録表、調査票に異常値と思われるデータがあれば、お問い合わせをさせていただきます。

記録データ入力：記録表、調査票のデータをコンピュータに入力します。

集計・分析：測定データに基づき、学校、園、クラブ向け集計・分析をします。

資料ご送付：学校、園、クラブ向け集計・分析資料を、希望者には「すこやかキッズカード」を送付します。

カードご確認：個人データに誤り、不具合が見つかったときには、「カード」を無料で訂正し、再発行します。

諸経費：データ入力、結果分析、集計・分析資料作成、「カード」作成にあたり、実費(380円)を申し受けます。

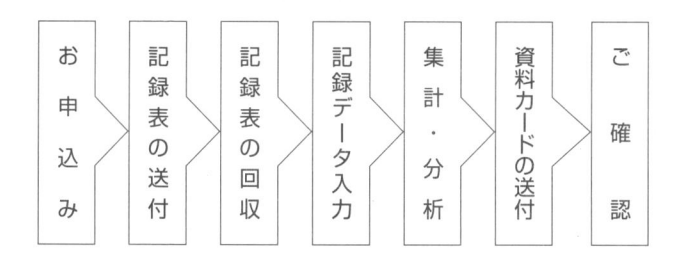

お申込み → 記録表の送付 → 記録表の回収 → 記録データ入力 → 集計・分析 → 資料カードの送付 → ご確認

〈お問い合わせ・お申込み先〉

株式会社 大学教育出版

〒700-0953 岡山市西市855-4 TEL(086)244-1268(代)・FAX(086)246-0294
E-mail : info@kyoiku.co.jp　http : www.kyoiku.co.jp

すこやかキッズカード

| すこやか保育園 げんき組 | なまえ まえはし あきこ | 女 | 歳 6 | カ月 0 | | は前回測定 2005年11月12日 | | は今回測定 2006年5月27日 |

マークのせつめい ⇒ 😊：とてもよいです　🙂：よいです　😐：ふつうです　😕：もうすこしです　😢：がんばりましょう

たいりょく

いつ	にぎる	とびこしくぐり	はしる	とぶ	なげる	あるく
まえ	🙂	😊	🙂	🙂	😐	🙂
いま	🙂	😐	🙂	🙂	🙂	😊

ジャンプ、とくいだわ！

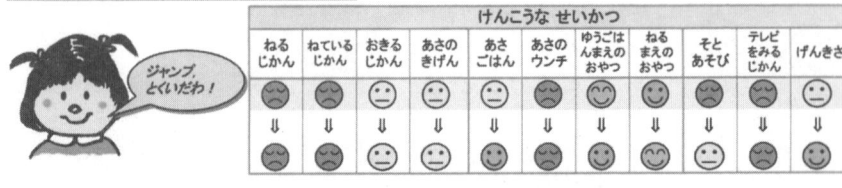

けんこうな せいかつ

	ねるじかん	ねているじかん	おきるじかん	あさのきげん	あさごはん	あさのウンチ	ゆうごはんまえのおやつ	ねるまえのおやつ	そとあそび	テレビをみるじかん	げんきさ
前	😢	😢	😐	😕	😐	😢	😕	😊	😕	😐	😐
今	😢	😢	😕	😕	😕	😕	😕	😊	😕	😕	😐

● 寝る前に夜食を食べないのはえらいね。夜食を食べないと、朝ごはんがとってもおいしくなるよ！ 寝るのが大変、遅すぎます。起床も遅くなり、朝ごはんもおいしく食べられません。ねむけやだるさを訴え、朝からボーッとします。はやめの就寝を心がけましょう。9時まえに寝るためには、日中に運動をしっかりしようね！

分類		測定項目	前回	今回	平均値
体格		身長	112.3 cm	115.4 cm	112.7 cm
		体重	20.5 kg	20.6 kg	19.9 kg
		カウプ指数 ※1	16.3	15.5	標準 15.5
体力運動能力	筋力	両手握力	13.0 kg	15.0 kg	15.0 kg
	調整力	とび越しくぐり	18.0 秒	21.0 秒	18.0 秒
	走力	25m走	6.6 秒	6.8 秒	6.8 秒
	跳力	立ち幅とび	98.0 cm	107.0 cm	89.2 cm
	投力	ボール投げ	3.5 m	4.5 m	5.0 m
活動量		歩数	7,028 歩	9,899 歩	7,115 歩

	やせすぎ	やせぎみ	ふつう	太りぎみ	太りすぎ
			●		

※1 身長と体重からみた体格指標であり、数字が大きいほど肥満を表しています。

体力・運動能力スコア
― 前回測定 ― 今回測定 ― 平均値(50)

両手握力 49.3 49.9
とび越しくぐり 53.8 47.1
1日歩数 51.7 58.1
25m走 55.6 50.1
立ち幅とび 58.2 58.8
ボール投げ 43.9 46.8

分類		調査項目	今回調査結果	評価（5段階）	
健康生活	休養	就寝時刻は	午後 10時 30分	1	1
		睡眠時間（夜間）は	9時間 0分	1	1
		起床時刻は	午前 7時 30分	2	2
		朝起きた時の機嫌は	機嫌が悪い時の方が多い	2	2
	栄養	朝食は	食べる日と食べない日とが半々	2	3
		排便（ウンチ）の状況は	朝しない	1	1
		夕食の前のおやつは	食べる時と食べない時が半々	4	4
		夜食は	食べない時の方が多い	3	4
	あそび・身体の活性度	外あそびをする時間は	1時間 0分	1	2
		テレビやビデオを見る時間は	2時間 30分	1	1
		疲れの訴えからみた元気さは	元気である時と、ない時が半々	2	3
		朝（午前9時）の体温は	36.2 ℃	低い	やや低い

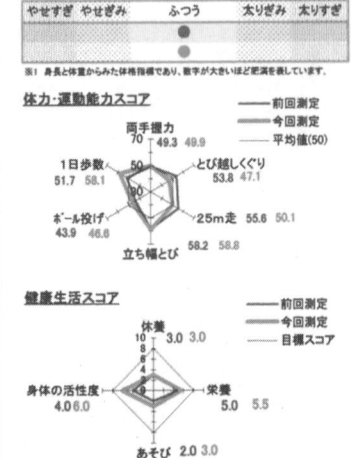

健康生活スコア
― 前回測定 ― 今回測定 ― 目標スコア

休養 3.0 3.0
栄養 5.0 5.5
あそび 2.0 3.0
身体の活性度 4.0 6.0

Copyright(c)2005 Sukoyaka Kids Tairyoku Kenkyukai, all rights reserved.